中华手语大系

视听版 第一辑

郑璇 郁丽华 —— 主编

第一册 手语说汉字

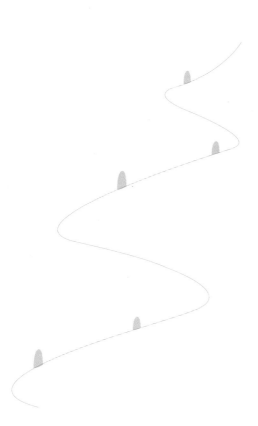

復旦大學出版社

主　　编：郑　璇　邰丽华
副 主 编：陈源清　陈练文

学术顾问：（按姓氏笔画排序）
王立军　王学松　刘　钊　杨逢彬　肖圣中
陆岩军　陈广宏　赵世举　傅爱兰

艺术顾问：岑爱斌

编 委 会：（按姓氏笔画排序）
于晓岚　王　雁　田　野　付心知　朱菊玲
刘可研　刘炳俊　刘　慧　吴　铃　张春东
张树东　张晓华　张悦歆　陈　静　陈　燕
祝　悦　徐鸣宏　郭　欣　郭家聚　唐红霞
涂朝阳　陶　莹　崔亚冲　梁玉音　谢爱明
楚　颜　戴曼莉

分册撰稿：（按姓氏笔画排序）
付心知　刘可研　陈练文　陈　燕　郑　璇
楚　颜

手语指导：（按姓氏笔画排序）
乌永胜　刘　萍　杜银铃　杨在申　杨　凌
季　谦　周绍光　郑　璇　倪颖杰　焦育祎

手语模特：（按姓氏笔画排序）
陈　静　祝　悦　郭家聚

视觉设计： 王　源　田　野
视觉制作： 吴周洋　崔忠铭
视听朗诵： 吉映澄　曹青莞
插图绘制： 刘汉杰　何芳琦　赵　莉
手语校对： 刘　萍　崔忠铭　康幸运
工作人员： 陈　鑫　胡晓波

指导单位：国家手语和盲文研究中心
　　　　　中国盲文手语推广服务中心
　　　　　中华诗词学会残疾人诗词工作委员会
　　　　　中华志愿者协会国防教育志愿服务总队

支持单位：中国残疾人特殊艺术指导中心
　　　　　辽宁正方信息技术有限公司

视听制作：重庆予尔梦科技有限公司

微信扫一扫
观看《手语说汉字》视频

《中华手语大系》(视听版)第一册

与残障人群共享中华文明
——序郑璇主编《中华手语大系》（视听版）

李宇明

如何对待残障人群，是衡量社会文明程度的标尺。

二十世纪八十年代，中国开展残疾人三项康复工作：小儿麻痹后遗症矫治、聋儿听力语言康复、白内障复明。湖北省民政厅为此开办了"听力语言康复研究中心"，年过六旬的张家范女士，虽不是中心主任，但却是一位操心主事之人，有事业心，有权威，人们都尊称她为"太婆"。太婆把湖北省当年的防聋治聋专家武展元、张万化等先生请做顾问，听说我在研究儿童语言，也把我看作专家，聘为顾问。由此我开始接触聋人语言问题，至今已有三十多年了。

与其说我去康复中心当顾问，还不如说是去学习。在那里，我了解了聋儿语言康复的基本状况，包括聋儿家长的心理状态；了解了国内外语言康复的新动态，包括当时日本倡导的"聋健合一"康复模式，即让有一定残余听力的聋儿与健听儿童同班上课，聋儿有良好的自然语境，健听儿童也可获取心智之益。我认识到，聋儿语言康复是一番大事业，也有大学问，不仅自己带着科研意识去工作，还把我的学生许昌洪、袁悦介绍到中心，后来我的学习教育专业的妹妹也到中心工作，他们都在这一领域做出了成绩。我把语言学知识、儿童语言发展理念用在语言康复中，与中心的骨干教师一起，编纂了《聋儿语言康复教程》（华中师范大学出版社，一九九〇年）。教程秉持"全面康复"的理念，有三编二十四单元，包括听觉训练、语言训练和智力训练，后面还附有《聋儿语言康复发音训练操（试行）》。据说，这是国内首部公开出版的供教师和聋儿家长使用的聋儿语言康复教材，效果不错，一九九四年还获得了中国残疾人联合会等五单位颁发的全国首届"奋发文明进步图书奖"二等奖。我还发表了论文《聋童声母获得状况研究》（与徐昌洪合作，《语言文字应用》一九九二年创刊号）、《汉族聋童语音发展的规律及康复对策》（与陈三定、徐昌洪合作，《中国聋儿康复》一九九五年第一期）。因语言康复工作，认识了中国聋儿康复研究中心的高成华、孙喜斌教授和万选蓉老师，结识了北京同仁医院临床听力学专家张华大夫，还有吉林、天津、南京、上海等地的聋儿康复专家。这段经历成为我人生难忘的篇章。

二〇〇〇年我调入教育部、国家语委，之后又到北京语言大学工作。岗位变更使我脱离了语言康复的实践，但也有机会以更宽广的视野关注语言病理学事业。比如，在李卫红主任和程凯副理事长的关心下，二〇一一年国家语委与中残联共同立项，支持顾定倩教授的团队进行"国家通用手语标准"研究，支持钟经华教授的团队进行"国家通用盲文标准"研究。二〇一六年，北京语言大学成立语言康复学院，建立了从本科到博士研究生的语言病理学教育体系，牵头制定了国内第一份《中国失语症语言评估量表》。作为国家语委规范标准审定委员会成员，二〇一八年我参与了《国家通用手语常用词表》和《国家通用盲文方案》的审定工作；二〇二〇年参与了《〈中华人民共和国国歌〉国家通用手语方案》的审定工作，二〇二一年两会期间，通过屏幕看着聋人代表用手语"唱"国歌，真是心潮澎湃。二〇二一年，复旦大学龚群虎教授的国家社科基金重大项目"基于汉语和部分少数民族语言的手语语料库建设研究"结项，我主持了验收评审会，获益良多。这个项目的研制者中，就有郑璇教授。

郑璇是我熟悉但至今尚未线下晤面的学者。她是江城武汉的姑娘，幼年失聪，经家庭语言康复进入普通学校随班就读，是"聋健合一"模式培养出来的优秀学生，从小到大，一身光环。她在武汉大学获得文学学士和硕士学位，又考入复旦大学师从龚群虎教授攻读博士学位，是我国首获语言学博士学位的听障人。她曾赴美担任一所特殊教育学校孔子课堂的教师，出访过挪威和日本。她喜爱阅读，喜爱创作，喜爱舞蹈，跳《千手观音》，跳《踏歌》，跳《孔雀飞来》。她能够熟练使用汉语、英语、中国手语和美国手语，在聋人和健听两个群体、中国和外国多边学界无碍交流。她创立了"汉语——手语——沟通技能"的聋教育三位课程体系，主编的《手语基础教程》广被业界选用，加印达八次之多，创手语教材国内销量记录。她热心聋人公益事业，国内听障人士的社会活动，几乎都可发现她的身影。

近些年，我一直思考如何让特殊人群分享社会信息。社会发展日新月异，特殊人群若不了解社会发展的新信息，就将加深本有的社会鸿沟，使特殊人群更加边缘化。比如，有更多的电视台开办手语节目，有更多的电视节目配手语同译，博物馆、博览会增加手语解说，特别是当灾难、疫情发生时，信息获取的弱势人群更需要得到应急服务。在筹建国家应急语言服务团的过程中，郑璇当然是牵头组织手语应急的最佳人选，我们的线上交往逐渐频繁起来。好像我们并没有线下见过面，但却早已熟识。

有一天，接到她发来的《中华手语大系》(视听版)，并问我能否为大系做序。我打开文件包，真是惊喜交加。大系分三册:《手语说汉字》《手语读〈论语〉》《手语诵唐诗》。第一册《手语说汉字》，有数字、自然、生物、身体、人伦、器物、性状、动作等八篇，每篇选讲若干汉字，共计七十六字。这些字，都在甲骨文中已经出现，今日仍在常用，且构词能力较强，是基本字。讲字，先结合甲骨文字形讲字理，再解说字形演变明字义，配上手语打法教手语技能，最后再把相关词语强化出来起巩固作用。是讲字，也是在讲语言、讲文化、教手语，一举多得，引人入胜。

第二册《手语读〈论语〉》，十篇九十七句，皆《论语》经典名句。每句配上国家通用手语的翻译视频，正面、半侧面交替播放，以便学习。字幕中有现代汉语翻译，同时列出中国手语的书面转写，便于同时学习汉语与手语。

第三册《手语诵唐诗》，十六篇五十五首，皆是脍炙人口、贴近生活的名篇，且易于用手语展示。每首诗先呈现原文，然后"以诗译诗"，翻译为现代汉语，以手语诵读，读者可从中感受到诗律之美、诗意之妙和手语的韵律、节奏。诗歌翻译不易，某种意义而言，诗歌是不可翻译的。编者直译、意译有机结合，尽量保持原貌，又适当做些发挥。每首唐诗的现代翻译和手语诵读，都可以视为再创作。部分唐诗，作者利用手语的韵律、韵脚、停顿等做成"手语诗歌"，这种独具风味的手语诗歌与常规诵读并置，更多了几分情致。

听着书中的标准配音，品味着精美的摄影与绘画，咀嚼着汉字、唐诗、

《论语》名句，欣赏着手语模特的奇妙手势，实在是审美珍馐。手语如此奇妙，懂点手语该有多好。郑璇有个"新时代，新手语"愿景，希望手语成为健听人和聋人彼此沟通连接的纽带，甚至成为健听人爱学、常用的语言。此时的我有些理解她了。据说有些国家基础教育阶段开设手语课程，学生不仅可以了解一种新奇的符号系统，还能更好了解听障群体。

这套大系由听障人士与健听人士合力完成，十分切合平等赋权的现代残障意识。主要制作者和作品呈现者都是听障人士。大系的另一位主编是邰丽华女士，她是中国残疾人艺术团团长，《千手观音》的领舞，精缩舞剧《化蝶》的主演。手语模特都是具有丰富舞台经验的听障艺术家，插图绘制都是听障画家、听障摄影师，朗读配音都是达到普通话一级甲等的听障口语者，手语打法研讨人员多为经验丰富的听障教师，视频的拍摄和剪辑亦均由听障者创业团队完成。这些听障人士为何能够如此成功？他们不仅是中华文明的享有者，还是中华文明的贡献者。我觉得，也正是他们接受了良好的教育，有条件享有中华文明，而后方能成为文明的创造者。"共享文明、共创文明"是个理想，人类社会距此理想还有不小距离。

今日立冬，北京迎来辛丑年第一场大雪，银装素裹的雪天里，更利于冷静思考。《中华手语大系》（视听版）更深层的意义，是把文化注入手语中，可使中国手语具有更强的文化表现力；是向听障人群传播中华优秀文化，让其共享主流文明，继而可望与主流社会一起创造文明。对待残障人群，不能仅仅是不歧视，仅仅是得到社会的照顾救济，更要尊重他们，创造各种条件充分激发其潜能，使之成为社会的建设者，甚至能够像《中华手语大系》（视听版）的编创团队一样，成为文明的创造者。

如何对待残障人群，是衡量社会文明程度的标尺。残障人群对社会生活的感受和为社会做出的贡献，更是衡量社会文明程度的标尺。

李宇明
二〇二一年十一月七日
农历辛丑年立冬之日
序于北京惧闲聊斋

出 版 说 明

《中华手语大系》（视听版）第一辑共三册，分别为《手语说汉字》《手语读〈论语〉》《手语诵唐诗》，各册按主题分类排列，并附有二维码。每个汉字、每个句子、每首唐诗均附有对应的视频，读者可以直接扫码进入视频版块自行观看。

《手语说汉字》

本分册共分八篇，累计收录七十六个汉字。选字原则有三：在甲骨文中已出现；现代生活中常用；能产性高，既能单用也能联合构词。选字过程参考了《通用规范汉字字表》和最新全日制普校和聋校语文教材识字表，对汉字的解读参考了《说文解字》《汉典》《汉字全息资源应用系统》，并经刘钊、肖圣中等古文字专家审阅雅正。

对每一汉字，首先列出甲骨文字形作今昔对比；然后进行通俗、生动的溯源解说；继而延伸到国家通用手语词典中与该字相关的词语，进行专题讲解和教学，力图引导读者举一反三地进行思考，在对汉字增进了解的同时也学习手语技能；最后通过词语复习环节进行巩固强化。

《手语读〈论语〉》

本分册共分十篇，累计收录《论语》中大众耳熟能详、琅琅上口的经典名句九十七句，其中不少句子在普校、聋校语文教材中均有出现。

《论语》语言精炼而用意深远，其中不少句子至今学界尚存争议。本分册依据学术界通行观点和现行语文教材，参考钱穆、杨伯峻、杨逢彬等名家解读用现代汉语进行翻译和注释，尽量避免对汉语文本作过多的生发，力求还原作者本意，为后人留下想象空间。每句均配有国家通用手语翻译视频，正面、半侧面分别播放一次，便于读者自学。为使读者更好地对比汉语和中国手语的语法差异，在视频字幕中将现代汉语译文和中国手语书面转写分别列出，读者可根据实际需要选择观看。

《手语诵唐诗》

  本分册共分十六篇，题材涵盖广泛，根据由近及远、由小及大、由自然及社会的原则编排，累计收录既脍炙人口又贴近生活、易于用手语展示的唐诗五十五首。每首诗首先呈现全文，然后根据"以诗译诗"的原则用现代汉语进行翻译，以中国手语进行诵读，力求让读者感受到中国手语及古今汉语的格调、韵律、节奏之美，体验到不同语言外在形式的差异和内在意蕴的统一。

  在此需要说明，诗歌翻译本身是一项难度极大、极富挑战性的工作，有学者认为"诗者，翻译所失也"，即诗歌具有某种程度的不可译性。本分册立足每首唐诗的实际，采取直译和意译有机结合的方式，力求既还原文本、呈现古意，又适当发挥、合理留白。对于部分唐诗，我们还尝试创作了利用手语本身的手形、方向、位置等要素形成特定韵律、营造特别效果的"手语诗歌版"，和"常规诵读版"并列。每首唐诗的现代汉语译文和手语诵读，从本质上属于"再创作"，同原诗表达的内容和意境必然具有差异，本书的解读仅为一家之言，供读者学习参考。

  每首唐诗的手语诵读均配有真人示范视频，正面、半侧面分别播放一次，便于读者自学。为使读者更好地对比汉语和中国手语的语法差异，在视频字幕中将诗歌原句和中国手语书面转写分别列出，读者可根据实际需要选择观看。

手语转写体例

  本丛书的视听手语转写体例采用龚群虎、杨军辉于二〇〇三年开发的《中国手语转写方案》中的宽式转写法。具体原则为：词界以"/"区隔；手势的重复记为"++"，重复两次以上记为"+++"；手势的保持或拖长记为"---"，如过长则记为"----"；如有方向、类标记、表情体态等细节需要说明，以括号进行标记。

配音

  本丛书为汉字、论语名句和唐诗配备了口语朗诵，便于听力健全人和佩戴听力辅助设备的听障者收听和学习。所有配音工作均由普通话水平出色的口语听障者独立完成。

插图

  本丛书的每一分册均配有精美的摄影作品或绘画作品作为插图。所有插图均由听障画家和听障摄影师独立原创。

手语模特

  本丛书的配套视频和摄影作品中出镜的手语模特全部为听障者。

目录

微信扫一扫
观看《手语说汉字》视频

序	1
出版说明	1

数字篇

一	2	八	9
二	3	九	10
三	4	十	11
四	5	百	13
五	6	千	14
六	7	万	15
七	8		

自然篇

天	19	云	29
土（地）	21	风（凤）	31
日（旦、莫）	23	水	33
月（明）	24	山	35
雨（雪）	25	石	37
光	27		

生物篇

草	41	生	42

米	43	鸟	50
木（本、末）	45	虫	51
林（森）	47	鱼（鲜）	52
来（麦）	48	家	53
牛（羊、马、犬、虎、鹿、象）	49	贝（财、贫）	54

身体篇

口（品）	56	心	63
名（字）	57	左（右）	64
舌	58	足（脚）	65
耳	59	止（出）	66
目（泪、眼、眉）	60	步	67
自（鼻）	61		

人伦篇

人（从、北、众）	70	男	75
大（立、夫）	71	女（母）	76
元	72	老	77
子	73	友	78
父	74		

器物篇

门（户）	81	舟	85
向	82	玉	87
弓	83	衣	89
车	84	力	90

性状篇

上（下）	92	正	95
多	93	美	97
好	94	甘	98

动作篇

学	101	见	104
习	102	吹	105
示	103	问	106

后记　　　　　　　　　　　　　　　107

# 数字篇

一生二,二生三,三生万物。
数学是魔术师的魔杖,是别具匠心的艺术,
是一切知识中的最高形式。

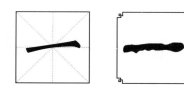

说文解字

这是甲骨文中的"一"字,和我们现在所看到的"一"是一样的,都是一长横的形状。"一"作为最基本的数字,是人们认识事物的起点。古人认为"一"是最小的数,"一生二,二生三,三生万物",从最小的"一"可以生发出无穷大的世界,所以《说文解字》的部首从"一"开始。

手语学习

手语中表示"一"有两种打法,大家一看就懂。第一种是食指直立,第二种是食指横伸。我们说"一些""一般""一定"就是食指直立的"一",我们说"第一""统一"这些词就用食指横伸来表示。

生活中汉语"一"可以和很多词搭配,比如"一分钟""一年""一元""一月份""一楼",等等。2013年,中国提出了"一带一路"的合作倡议。这样的词大家以后还会碰到很多,可以慢慢积累。

1手形除了可以用来表示数字"一"的概念,也可以拓展出其他手语词,比如"自己""妈妈""嘘"。

词语复习

一 一些 一般 一定 第一 统一
一分钟 一年 一元 一月份 一楼 一带一路
自己 妈妈 嘘

说文解字

这是甲骨文中的"二"字。和"一"一样,"二"也是用两横来表示2这个数字。一加一等于几?当然等于二啦。这是一种原始的计数手段,可以表示数字2,也可以表示次序为"第二"。比如"二楼"就是第二层的楼。

手语学习

前面我们学习了"一",相信大家已经猜到了,手语里的"二"也有两种打法(观看视频)。我们之前学习了"第一",那么我们稍稍改动就变成了"第二"。在汉语里,两个也叫"双"。所以我们把两根手指并在一起,表示"双"。

现在我给大家展示一个手语词,大家猜猜是什么意思?(观看视频)细心的你一定发现了,这里面又有一,又有二。这个成语就叫"一举两得",意思就是"做一件事情,得到两种收获"。比如:骑车上学又锻炼身体又环保,真是一举两得!

日常生活中,用到2手形的手语词还有不少,比如"剪刀""筷子"等。拍照的时候,我们把2手形举起来,其实这时候它是表示胜利的字母V。

词语复习

二　第二　双　一举两得

剪刀　筷子　拍照比V

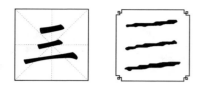

● **说文解字**

　　这是甲骨文中的"三"字。因为"三"并不算是很大的数字,所以我们还是直接划三横表示它。从一到三都是比较小的数目,所以古人可以直接使用这种指示性的符号。但是三相对于一、二来说又算是比较大的数字了,因此"三"还有"多"的意思,比如"举一反三""一日不见,如隔三秋"中的"三"就表示许多。

● **手语学习**

　　学过了"一"和"二",我想不用教大家也会打"三"了。大家会打"第一""第二",那么"第三"当然也就会了。

　　前面我们讲了"一举两得",今天再教大家两个成语"三心二意"和"举一反三"。老师经常会告诉同学们:做事要专心,要坚持,不能三心二意。那"举一反三"是什么意思呢?就像大家学习数字的手语打法时,老师讲了"一"和"二",大家就知道后面的数字该怎么打了,这就是"举一反三"。

　　3手形在手语中也是经常见到的,比如"猫""孔雀""雪花"都使用这个手形。另外,生活中有些带"三"的物体名称也可以伸出五指中间的三根手指来表达,比如"三脚架"和"三轮车"。

● **词语复习**

　　三　第三　三心二意　举一反三
　　猫　孔雀　雪花　三脚架　三轮车

说文解字

这是"四"字的甲骨文形式。和我们现在的"四"不同,它还是用四横来表示。后来到了金文中才变成四面围起来,中间一个八。"四"在我们的文化中是一个经常使用的概念,比如时间分成四季——春夏秋冬,方位分成四方——东南西北。

手语学习

"四"的手语打法也有两种,一种是直立的"四",一种是横伸的"四"(见通用手语"4")。生活中我们常见的一种形状叫"四边形"。它的打法就是"四/边/形"。有个常用的成语叫"四面八方"。这里的四面就是我们说的"东南西北"四个方向。中国的西南部有一个大省叫四川,手语就是这样表示"四川"。大家有没有发现,"川"就是我们之前学的"三"倒过来?这里就是模仿"川"这个字。还有一个省叫"山西",因为"四"和"西"形近,所以就自然借用了"四"手形。

还有一个字用到了"四"这个手形,就是工业的"业"。左手是"四",右手的食指放在四根手指的指根处。你看,(观看视频)这不就是个"业"字吗!

词语复习

四 四边形 四面八方

四川 山西 工业

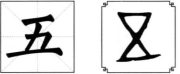

说文解字

甲骨文中的"五"字,不用一条条横线来叠加了,我们先画上下两横,然后把中间的线交叉起来,变成这样的字形。可能是因为"五"横太多,看起来不够方便,所以数字越大越不适合直接用划横的方式来表示。

人刚开始产生数的概念的时候,常和自身联系起来,而人的手指、脚趾都是五个,所以"五"经常被用作"一组"这个概念,比如"五体投地"的"五体","五谷丰登"的"五谷",等等。

手语学习

因为我们每只手的手指有五根,所以"五"就是手掌直立或者横伸。每年的五月我们都要过两个节日,一个是"五一劳动节",一个是"五四青年节"。大家看看我们怎么表示"月"和"日"呢?左手在上打出数字表示"月",右手在下打出数字表示"日"。

5手形在手语里经常用到。比如双手都用5手形,一横一竖搭成方格,然后右手向下移动,这就是"表格"。一手五指张开,在胸前转一圈,配合脸上相应的表情,这个手势动作就表示"舒服"。我用左手Y手形表示一个人,右手用直立的5手形放在"人"的后面左右晃动两下,大家能联想到什么呢?这就是"背影"。所以,5手形用的地方很多,大家要记牢哦!

词语复习

五　五一劳动节　五四青年节
表格　舒服　背影

说文解字

这是"六"字的甲骨文形式,看起来和之前一到五的字形都不一样,它不用六横来表示了,那样太多了数不过来。但是,这个字形看起来和数字没什么关系,反而很像房子的外形,很可能是把这个字形借过来表示"六"这个数字的。

手语学习

"六"的手语打法就是伸出拇指、小指。我们之前介绍了"几月几日"的打法,儿童节就是"六一",大家还记得吧?如果打出Y手形,同时指尖朝外左右晃动几下,这就代表我们的一个常见姓氏"刘"。

6手形在手语里经常表示人,那么我们看看下面这些手势动作都代表了什么意思呢?(观看视频)这是"去",这是"坐",这是"躺",反过来就是"卧"。

把6手形放在太阳穴这里,向斜上方边旋转边转动,脸上还有思考的表情,就是"梦"。如果放在鼻子这里,大家一定看出来了,这是"犀牛"。最后,请大家猜猜我这个手势动作表示什么呢?(观看视频)这是"降落伞"。

词语复习

六　六一　刘

去　坐　躺　卧

梦　犀牛　降落伞

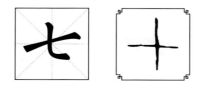

说文解字

这是"七"字的甲骨文形式。它看起来是不是和我们现在的"十"差不多啊?其实古文字的"七"和"十"很相似,后来为了区别这两个字,才将"七"的尾部弯曲,就成了现在的样子。

手语学习

"七"在手语里是这样表示的(观看视频)。我们知道,一周有七天,所以用到了数字"七",所以,和"七"有关的时间有"一周""两周",等等;和"七"相关的节日有"七一"建党节,还有"七夕"乞巧节——又被称为中国的情人节;和"七"相关的成语有"七上八下"形容心里不安,"七嘴八舌"形容人多口杂,说个不停,等等。

因为"七"的发音听起来和拼音字母的"Q"相同,所以手语打法也一样。比如"启发"这个词就是把7手形放在太阳穴这里,同时抬头。"七"和"气"的发音也相近,所以手语里还有部分和"气"有关的词也会用7手形。比如"天气""气候""气氛"等。

词语复习

七　一周　两周　七一　七夕　七上八下　七嘴八舌
启发　天气　气候　气氛

说文解字

这是"八"字的甲骨文形式,它像不像一个东西被分开的形状呢?甲骨文"八"的字形最开始并不是表示数字,而是物体分开相背的样子,字的本义是分开、分别。不过"八"字的字形很早就被借用过来表示数字,并且这个基本意义一直用到现在。

手语学习

"八"的手语打法,我们在讲"四"的时候大家就见过了。大家还记得"四面八方"吧?带有"八"的节日有"三八节"和"八一建军节"。中国人还有个传统,在腊月初八那天要喝腊八粥。腊月初八就是"腊八节"。带有8手形的手语词还有"八路军"。要注意"八"要放在胳膊这个地方(观看视频),表示臂章。有一种调料叫"大料",也就是有很多瓣的"八角茴香"。

8手形稍有改变或加上新元素就有了新的意思,比如放在颈部划动两下,表示"铅笔",如果食指指尖向前,弯动一下,就是"手枪"。

词语复习

八　八一节　三八节　腊八节　八路军　八角
铅笔　手枪

说文解字

这是"九"字的甲骨文形式。从它的字形看,它像一个弯曲缠绕的物体,所以它的字形本来也不是表示数字"九",数字"九"的意义是借用这个字形来表示的。"九"是个位数中最大的那个,所以在中国文化里,"九"往往有多、数量大的含义。比如"九天""九鼎""九州""九五至尊"等。

手语学习

手语里的数字"九"和汉语拼音字母的"J"是同一个手形,大家之前学了那么多"节日"的手语打法,有没有发现,"节"其实就是9手形?另外,喝酒的"酒"也是借了9手形,不过是放在嘴部,还有一个词我们经常会提到,"舅舅",大家看,也是这个手形在颏部碰两下。还有我们吃的"韭菜",种的"菊花",都用到了这个手形。

词语复习

九 节日 酒 舅舅 韭菜 菊花

说文解字

这是"十"字的甲骨文形式。"十"在甲骨文里就是一竖。金文里在这一竖上加了一点,表明"十"的造字可能和古代结绳记事的方式有关,在绳子上打一个结表示"十"。

手语学习

手语里"十"有两种打法。一种是拇、食指搭成"十"字形。这个手形如果在头前上方随意晃动几下,那就表示"星星"。如果放在额头就表示"医生",为什么呢?因为它看起来像红十字。所以"医院"就是这样打(观看视频),"护士"呢,就是把"十"字放在左上臂的位置。

第二种"十"的打法是食中指相叠,和"是"的手势动作一样。所以我们可以这样表示"是不是"(观看视频)。如果把这个手形放在太阳穴的位置向外移动,同时配合相应的表情,就是"希望"。如果放在嘴部,嘴闭拢,就表示"秘密"。看来"十"的两种打法的手形用处很多啊!

这里顺便提一下,"二十"的手语打法是这样的(观看视频),打出2手形,并弯动两下。"三十"的打法是伸出3手形,并弯动两下。那么四十、五十、六十、七十、八十、九十的打法,都可以此类推。

词语复习

十　星星　医院　医生　护士
是　是不是　希望　秘密
二十　三十　四十　五十　六十　七十　八十　九十

说文解字

这是"百"字的甲骨文形式。下面的部分是白字,表读音,上面是一个指事符号"一",合起来表示数字"百"。

手语学习

手语里的"百"的打法就是右手的食指从左向右挥动一下。同样的道理,"二百""三百""四百"等就变成相应的数字手形挥动一下即可。

中国有一本著名的蒙学教材是关于姓氏的,叫《百家姓》。它的手语打法就是由"百/家/姓"。有个成语是形容许多鲜花开放的,叫"百花齐放"。还有一种美丽的花叫"百合花",也用到了"百"这个手势。

词语复习

百　一百　二百　三百　四百
百家姓　百花齐放　百合花

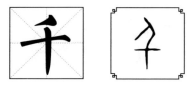

● **说文解字**

　　这是"千"字的甲骨文形式,像一个侧面的人形,只是在他的腿的部位加了一横。"人"表示读音,一横是指事符号,和"百"一样。"千"就是十个一百,数目很大,所以很多成语都用"千"表示多,如"千言万语""千家万户",等等。

● **手语学习**

　　手语里"千"的打法就是一手伸食指,指尖朝前,书空"千"字形。表示"二千"时,用2手形书空"千"字形,表示"三千"时,用3手形书空"千"字形,以此类推。

　　和"千"有关的成语、词语也很多,比如"千手观音""千山万水""千变万化"等,中国还有一部非常有名的蒙学教材,书名是《千字文》。

● **词语复习**

　　千　一千　二千　三千
　　千手观音　千山万水　千变万化　千字文

说文解字

　　甲骨文中的"万"看起来像一个大蝎子,它的本义可能就是表示蝎子这样的物体,是一种虫类。后来古人把它借用过来表示"万"这个数字,楷化之后就是"萬",简写后成了"万"。

手语学习

　　手语里的"万"是一手伸食指,指尖朝前,在空中书写"万"字的最后一笔,表示"万"字的横折钩部分。表示两万时,就用2手形书空,表示三万时,就用3手形书空,以此类推。

　　十个千为一万,表示数目很多。与之相关的词语有"千家万户""万众一心""万花筒"等。由数目多还延伸出一些意思,这个"千万"有时表数目,有时表示"务必、一定"的意思。再如"万一"表示万分之一,也指极小的部分或极小的可能性,常用来喻指意外的情况。

词语复习

万　千家万户　万众一心　万花筒
千万　万一

自然篇

天地玄黄,宇宙洪荒,
大自然充满神奇的奥秘。
日月风云,山川河流,
天地有大美而不言。

说文解字

"天"字的甲骨文看起来和天空似乎没什么关系，反倒像一个人的形状。其实古人就是用人来表示天，人的头顶之上就是天空，所以这个字下面是一个正面的人的形状，上面头顶的地方用一横标记，就表示天的意思了。天的本义是天空、上天，后来也可以表示一天、天气、季节等意义。

手语学习

手语里的"天"有两种打法。第一种表示头顶的"天空"，用食指在头一侧上方转一圈。"天气"就是"天空"加"气"。北京有两处著名的景点都带有"天"字。大家一定想到了，一个是"天安门"，一个是"天坛"。它们的打法都是第一种。第二种是用食指从右到左在空中画一条弧线，表示"天"或者"一天、整天"。不过，"昨天""明天"和这个手势动作却没有什么关系。"昨天"是用食指在肩头向后划动一下，而"明天"是用食指从太阳穴向外移动一下，头还要同时由歪摆正，表示睡觉醒来后又过了一天。大家要注意哦！

词语复习

天　天空　天气　天安门　天坛　昨天　明天

说文解字

这是"土"字的甲骨文,下面的一横表示地面,上面的形状是土块,土的本义就是泥土、土壤。土是地面最主要的物质,是滋生万物的基础。后来的"地"字就是以土做偏旁,"土"表示意义,"也"表示声音,合起来就是大地的意思。

手语学习

手语里的"土"就是《国家通用手语词典》中的"沙子"。要注意的是,"土"是拇、食、中指三个手指相捏,指尖向下互捻几下。如果是五个手指,那就是另外一个意思了,表示面粉的"粉"。大家要注意加以区分。在"土"的后面加一个动作,用食指指一下下方,就表示"土地"。我们常吃的"土豆"就用"土"加上比划圆形果实的外形来表示。

(观看视频)这个动作表示"领土",第一个动作的意思是"归属自己",第二个动作表示"土"。

中国五十六个民族里有两个民族带"土"字,一个是"土家族",一个是"土族"。大家有兴趣的话,可以看看这两个名字相似的民族手语打法有什么异同。

词语复习

土(沙子) 土地 土豆 领土 土家族 土族

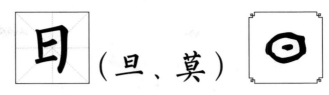

说文解字

"日"就是太阳,甲骨文里的"日"用一个圆圈里面加上一点来表示。"日"是人们对宇宙天体最初的感受,表示时间概念的"日"就是由此引申而来的。因为太阳东升西落,每升起和落下一次就是一日。早上,太阳从地平线上升起,在日的下面加上一圈表示地面,就成了表示早晨的"㫃"(旦)。晚上太阳落到草里面去了,所以表示傍晚意思的"莫",甲骨文里的字形是"㞋",一个日在四个草中间。"日"还有每天、白天等意义。

手语学习

因为太阳东升西落,每升起和落下一次就是一日,所以用拇、食指捏成圆形,虎口朝内,从右向左弧形移动,越过头顶,表示"日"。很形象对吧?"生日"(《国家通用手语词典》中的第一种打法)、"节日"和所有有纪念意义的"日"都用这个手势动作,比如"助残日""爱耳日",等等。同样用到了"日"的词语还有"日记",不同的是,"节日"里的"J"置于前额不动,"日记"的"J"要动一下。

还有一个词需要特别说明,手语里的"生活"也可以表示"日子"。但这个时候就不是用拇食指捏成小圈了,而是变成双手拇、食指搭成圆形,从右下方向头上做弧形移动,表示一天天过日子。

词语复习

日　生日　节日　助残日　爱耳日　日记　日子(生活)

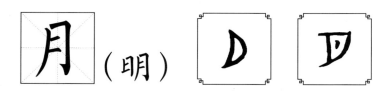

说文解字

这是"月"字的甲骨文形式,用来表示月亮。因为太阳一直是圆圆的,而月亮会随着时间的变化呈现出不同的形状,所以"月"就用半圆形来表示,里面同样加上一点或一竖用来标记月亮的变化。太阳的周期变化在一天之中展现出来,而月亮的形状变化是以30天左右的时间为周期不断重复,所以后来"月"也就引申用来表示一个月的意思了。日和月都是天上的星体,它们都散发光明,所以日月合起来就是明,表示光明。

手语学习

和"日"相似,"月亮"也是用拇、食指摹仿弯月的样子。和"月"有关的词很多都带有这个手势。如"月饼""蜜月""正月""岁月",等等。

有人经常会混淆"一个月"和"一月份"的打法。在这里特别给大家介绍一下:这是"一个月"的意思(观看视频),如果右手变成数字"二",就是两个月。"一月份"是左手在上打"一",右手在下一撇,表示"月"这个字的一撇。同理,二月就是左手在上打"二",右手不变。以此类推。简单说就是"几个月"变的是右手,"几月份"变的是左手。

词语复习

月亮　月饼　蜜月　正月　岁月　一个月　一月份

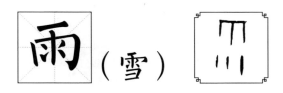

说文解字

"雨"字的甲骨文非常形象,就像雨滴从天空落下来。上面的形状表示天空,下面的点表示雨点,雨的本义就是下雨或者雨水。而如果落下来的不是水滴,是像羽毛一样的雪花,那就是"雨"(雪)字。

手语学习

手语中,雨的打法是双手五指微曲,指尖朝下,在空中向下动几下,表示雨点落下。手语表达"雨"的时候,可以根据动作幅度的大小和停顿等变化,表示降水量的大小。例如"大雨""阵雨""暴风骤雨"。当然,也要有一定的表情配合。下雨时用的"雨衣""雨披"可以不展示雨的大小,说清是哪一种工具即可。

"雨""雪"通常是不分家的,但字形有区别,手语打法也有区别。(观看视频)瞧,这是"雨"的手势,而这才是"雪"。表示"雪花"的时候手形也有差异。冬奥会的时候会有多种冰上项目和雪地项目,大家最熟悉的应该就是"滑雪"了。现在滑雪已经成了大众热追的一个项目。

词语复习

雨　大雨　阵雨　暴风骤雨
雪　雪花　滑雪

说文解字

这是"光"字的甲骨文形式,像一个人举着火炬。这个用火和人的形状一起表示的就是光亮、光芒的意思,所以"光"经常和"明""亮"等词语一起使用。后来光又引申出光阴、荣耀等意思,所以我们现在有"光阴似箭""为国争光"这样的说法。

手语学习

"光"在手语里的打法和"电灯"一样:一手五指撮合,指尖朝下,然后快速张开,可以根据实际需要适当地移动。我们照相的时候为了补光,会使用"闪光灯",这个手势就是模仿闪光灯发光的样子。表示"曙光"和"霞光"的时候,都会用左手代表地平线,根据光亮的程度不同,右手的手势动作也会有变化。"光明"和"亮"的打法,手势动作幅度比"光"更大一些。如果是脸上有光,那就是"光荣"。

"光"还有个意思是空了。比如我们现在提倡"光盘行动"。这里的"光"就是指全部吃完了,盘子空了。

词语复习

光(电灯) 闪光灯 曙光 霞光 光明(亮) 光荣
光盘行动

说文解字

这是"云"字的甲骨文形式。"云"的字形就像云朵在天上弯曲回转的形状,所以"云"的本意就是云彩。

手语学习

"云"有千姿百态,手语里的"云"可以有两种打法。第一种"云"表示"云层",一手五指成"ch"手形,在头前上方水平转动两下;另一种"云"是"云海",双手平伸,掌心向下,五指张开,在头前上方交替平行转动两下。云海是在一定条件下形成的云层,通常是当山顶高于云顶,向下看云层的时候,会给人一种站在海边一望无际的感觉。有一种云叫"蘑菇云",它也是"原子弹"的手势动作。它一般是指巨大的爆炸后形成的状如蘑菇,久久不散的云。中国的"云南"省,用的就是"云层"加"南"的组合。

我们现在还经常听到"云存储"这个词,这里的云虽然用的是"云海"的手势,但它和天象并没有关系,而是指互联网在线存储。

词语复习

云层　云海　蘑菇云　云南
云存储

风（鳳）

说文解字

"风"是一种天气现象，但是它的甲骨文看起来更像一只鸟，这个字可能本来是指凤凰，因为"风"和"凤"发音差不多，后来就被拿来表示风了。"风"的本义是指自然界里空气流动的现象。

手语学习

"风"在手语中的打法是双手直立，掌心左右相对，五指微曲，左右来回扇动。我们介绍"雨"的时候说过，可以根据实际情况来调整动作的幅度。"风"也是一样的。我给大家展示一下"微风""狂风"和"龙卷风"的区别。除了自然界空气流动的"风"，现代汉语里还有很多带"风"的词语。比如："风景""风俗""威风"，这些词的手语打法也会用到"风"这个手势，但和气象没有关系。

再给大家展示两个手语词（观看视频），大家可以根据它的样子猜一猜是什么。对了，这个是"风筝"，这个是"电风扇"。是不是特别形象呢？

词语复习

风　微风　狂风　龙卷风

风景　风俗　威风

风筝　电风扇

说文解字

"水"的甲骨文像一条河流的形状,河流弯弯曲曲流向前方,两旁用小点表示水滴。我们看到的水主要就是存在于江河湖海里,所以水用这种形状表示。

手语学习

手语里的"水"有两种打法。表示"数量少,面积小"的水时,用《国家通用手语词典》里的"水1",一手指食指尖贴于下嘴唇。比如下面这些词:"水果""水表""开水""墨水"等。如果表示"数量多、面积大"的水时,用《国家通用手语词典》里的"水2",一手横伸,掌心向下,一指张开,边交替点动边向一侧移动,如"水产""水库""水灾""水平面"。通过这些例子,大家可以体会一下两种打法的区别。

词语复习

水(打法1) 水(打法2) 水果 水表 开水 墨水
水产 水库 水灾 水平面

说文解字

"山"的甲骨文字形画的就是山峰的形状,这是人们对山最直观的印象。"山"的本义表示地面上有土、有石头的突出来的部分。"山"作为汉字里常见的一个部首,很多和山地有关的字都与它有关,如"岭""岗""峰"等。

手语学习

手语里的"山"有两种打法。一种是仿"山"字的字形。用到这个手势的词比较多,如"山东""山峰""火山""登山"。还有我们常吃的两种食物"山药"和"山楂"。另外一种"山"则是模仿山的起伏外形,比如"山西""山沟"。大家可以发现,第一种仿字"山"出现得比较多。

"山"反过来,手心朝外,就成了国际手语中的"爱"。大家可别弄混哟!

词语复习

山(打法1) 山(打法2) 山东 山峰 火山 登山
山药 山楂 山西 山沟
爱(国际手语)

说文解字

这是甲骨文里的"石"字,左边像是陡峭的岩壁,右边是石块的形状,合起来表示山上岩壁下的石头。所以"石"的本意就是山石。

手语学习

手语中的"石",打法是左手握拳;右手食、中指弯曲,以指背关节在左手背上敲两下,让人感觉手敲在了一个质感非常坚硬的东西上面。带有"石"的词语也都跟这个手势相关。比如各种石头:"大理石""化石""宝石",还有"石头子儿"。建筑工程中经常要用到"石灰",汽车、飞机都需要加"石油",吃的水果中有"石榴"……可见,我们生活中的事物和"石"的关系还是很密切的。

词语复习

石　大理石　化石　宝石　石头子儿
石灰　石油　石榴

生物篇

是谁说只有人才是万物之灵？
天地间一切生物都富有灵性，充满哲理。

说文解字

　　这是甲骨文中的"草"字,就像一棵从地上长出来的小草。"草"的本义就是草本植物的总称。"草"是汉字中很常见的一个部首,和草有关的字都以它为偏旁,它在做偏旁的时候写成"艹"。

手语学习

　　手语中的"草"和它做偏旁时的写法很像。用双手的食指上下交替动几下,手背向内,看着是不是很像急着从土里伸出来、茁壮成长的小草呢?含有"草"字的词,很多也会用到这个手势。比如"草帽""草鱼""草莓""草原"。大家看到这些的第一个动作都是"草",后面加上其他相应的手势,就构成了这些词。是不是很容易记呢?

　　这里再给大家介绍一个小知识。"草书",它和真正的草可没有关系。它是汉字的一种字体,形成于汉代。广义上说写得潦草的字都算草书,狭义来说它是为了书写简便,从隶书演变来的一种字体。

词语复习

草　草帽　草鱼　草莓　草原
草书

说文解字

　　这是"生"字的甲骨文字形。"生"也和草木的生长有关,最下面的一横是地面,上面是一棵草的样子,表示草木从地底下生长出来。所以"生"字的本义就是生长、滋生,后引申为生育,再引申为活着的,新鲜的,未成熟的。

手语学习

　　《国家通用手语词典》里"生"的打法很有意思,它包含两个动作。第一个动作表示"熟",第二个动作表示"半"。大家连起来一想就明白了:半熟,就是生。

　　但是,在"生"组成的词语中,这个手势不一定会出现,打法非常灵活,这是因为"生"有多种意义。比如"生活"这个词,手语打法所表达的意思就是一天天过日子。"生长"就是慢慢长高。"生日"这个词大家能看懂吗?(观看视频)第一个动作表示"出生",第二个动作表示"日子",所以连起来就是"生日"。"生物"这个词呢,第一个动作表示"活的、有生命的",第二个动作表示"东西、物",合在一起就表示"有生命的东西"。

词语复习

　　　生(半熟)　生活　生长　出生　生日　生物

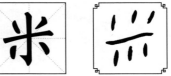

说文解字

  这是"米"字的甲骨文形式,小点表示的是米粒,整个字就像米粒散碎放置的样子。所以"米"的本义指的是像谷物这样脱去壳的植物种子。因为"米"这样的种子都很小,后来很小的果实都可以说"米"。至于我们现在常用的表示长度的"米",和这个字就没有关系了,是从国外的语言里借用过来的。

手语学习

  上面说到"米"有两种不同的意思,在手语里"米"也有两种打法。第一种是我们说的"米饭、粮食",第二种是计量单位,在手语里就用拼音字母"M"来表示。米有很多种,比如"大米""小米""黑米"。很多小吃还会专门用到一种黏黏的米,叫"糯米"。同样,从计量单位来说,除了"米",还有"分米""厘米",这时都用拼音字母来表示。

词语复习

米饭(粮食) 大米 小米 黑米 糯米
米(长度单位) 分米 厘米

说文解字

"木"的甲骨文字形很形象,就是一棵树的样子。中间一竖是树干,下面的分叉是树根,上面是树枝。所以"木"字的本义就是树木。而"本"字在"木"的下面再加一横,表示树根,"末"字在"木"的上面加上一横表示树梢,这两个字的本义也都和"木"有关系。

手语学习

手语里的"木"有两种打法,一种是模仿刨木头的动作(《国家通用手语词典》中第二种打法"木2"),比较常用,还有一种是模仿斧子劈柴的样子(《国家通用手语词典》中第一种打法"木1")。"木"组成的词语,一般也都与树木、木材或木料有关。如"木地板",就用到了刨木头的那种打法。"积木"这个词,也是一样(观看视频)。再如"木瓜",先打出"木",然后,再用双手比划木瓜的外形。在木质的东西上进行雕刻,这种艺术方式叫"木刻"。

最后请大家猜猜,我打的这个词是什么呢?(观看视频)这是"木耳"。

词语复习

木(打法1 打法2) 木地板 积木 木瓜 木刻 木耳

说文解字

"林"字的甲骨文字形就是两个木在一起。木是树木,用两个木合在一起表示树木很多的意思,所以"林"字的本义是树木丛生的树林。汉字里还有一个"㮞"(森),是三个木放在一起,表示森林的含义。

手语学习

在手语里,"林"和"森"的打法与甲骨文看起来很类似。所以单棵树是"树",连续打两次就成了"林",而三棵树就是"森"了。连续三次在不同的位置打出"树",表示树木众多,引申为森林。大家猜一猜,我这个手语是什么意思?(观看视频)这是"吉林"。

词语复习

林(树林) 森林 吉林

● **说文解字**

　　"来"的甲骨文字形和"禾"有点相似,也是上面长出很多分叉的植物形象。所以"来"的本义是麦子,是我们古代一种主要的农作物。不过这个意义现在写成了"麦",而"来"这个字形呢,用来表示由远到近的一种动作行为,和"去"相对。

● **手语学习**

　　我们先说说"麦",手语里"麦"的打法就是模仿麦芒的外形,表示"小麦、麦子"。"来"是个动词,在手语中就用这样一个动作来表示。我们还会用到这样一组词:"来得及"和"来不及",他们都和时间有关,所以当我们说"来得及""来不及"时,手语打法会加上"时间"。聋人朋友还习惯打这样一个手势动作,表示:"哦,是这样啊!"也就是《国家通用手语词典》中的"原来如此"。

● **词语复习**

　　小麦(麦子) 来 来得及 来不及 原来如此

（羊、马、犬、虎、鹿、象）

说文解字

这是"牛"的甲骨文字形，画的是牛头的形状，上面伸出来的两道弯弯的形状表示牛角，下面的两小撇表示牛的耳朵。所以"牛"的字形把牛最主要的特征——牛角表现得很形象，它的本义就是"牛"这种动物。甲骨文里的各种动物的字形都很形象。比如"✡"（羊）突出的是它的羊角，弯曲下垂，和牛不同。"✡"（马）突出它脖子上的鬃毛，随风飘逸。"✡"（犬）就是狗，画的是瘦长的狗的形状。"✡"（虎）的特征是大嘴巴，"✡"（鹿）是大大的鹿角，"✡"（象）是长长的鼻子，这些字在甲骨文里都很形象。

手语学习

"牛"的手语大家一看就觉得很简单吧？小朋友都会这样模仿牛的角。如果再加上一个"挤牛奶"的动作，合在一起就是"牛奶"。还有一种长角动物是"犀牛"，但是大家知道它的角是长在鼻子部位的，所以手语打法就是这样（观看视频）。我们有个词叫"吹牛"，手语中也用到了"牛角"。

和"牛"的手语相似，"羊"的手语打法是模拟弯曲的羊角，"马"的手语打法是模拟尖尖的耳朵，还要向前微动两下，如果把方向变一变，向上移动，那可就是"驴"了！"鹿"角呢，形状就比较复杂。还有"象"，手语里就是模仿大象长鼻子的外形。这些都是非常形象的手语，相信大家一学就会！

词语复习

牛　牛奶　犀牛　吹牛　羊　马　驴　鹿　象

说文解字

"鸟"的甲骨文字形就是一只鸟的形状,上面尖尖的部分是鸟嘴,中间是鸟的身体,左下方和身体分开的部分是鸟爪。"鸟"字的本义就是能飞的禽类的总称。所以很多鸟类动物的字都用"鸟"作为偏旁,比如"鹤""鹊""鸽"等。

手语学习

"鸟"的手语特别形象。先考考大家,我打的这个动作是什么?(观看视频)。对,大家一看就知道是"鸡",给"鸡"再加上翅膀,就是"鸟"了。鸟的种类特别多,想用手语来一一介绍鸟的名字可是很困难的,不过我们可以形象地来描述它们的特点,让人容易联想到它们的样子。比如"啄木鸟",大家看到的是不是一只鸟嘴在树干上捉虫子?再比如"鸵鸟",这个动作看起来很像是鸵鸟奔跑的样子。告诉大家,这种鸟体型大,头小脚大,跑得也快,这就是鸵鸟!

词语复习

鸟　鸡　啄木鸟　鸵鸟

说文解字

这是"虫"的甲骨文字形,下面弯弯曲曲的是动物的身子,上面是它的头,整体像一条蛇的形状,所以虫本来指的是一种毒蛇,后来"虫"字被看作是"蟲"的简体,就作为昆虫的通称了,现在和"虫"有关的字大多和昆虫有关系。

手语学习

手语里的"虫"也是模仿虫子爬的样子,食指伸出来,边弯动边蠕动。我们会把虫分为"益虫"和"害虫"。"益虫"就是"好的"虫子,相反,"害虫"就是"不好的、有害的"虫子。

在很多故事里都会出现这样一种虫子,在夜晚它会发出淡淡的光。对,这就是"萤火虫"。还有一种昆虫,会吐丝,最后把自己包在里面,它就是"蚕"。在手语里这个手势也代表"丝"。

词语复习

虫　益虫　害虫　萤火虫　蚕(丝)

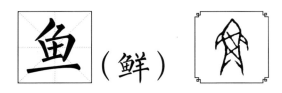

- 说文解字

　　"鱼"的甲骨文就是鱼的形状,你看鱼的双鳍、尾巴和身子都画得非常形象,所以"鱼"的本意就是生活在水里的鱼类动物。鱼是古时候人们最早的食物来源,所以"鲜"字,就用"鱼"和"羊"这两种主要的食物合起来会意,表示味道鲜美。

- 手语学习

　　"鱼"的手语打法特别形象,用一只手横立或者侧立,向一侧或前方做曲线型移动,像一条鱼在游动。鱼的种类特别多,平时大家常会吃到的鱼有"草鱼""带鱼""黄鱼"等。打鱼人经常会用到的工具有"鱼钩""鱼篓"等,碰到大鱼的时候还会用"鱼叉"。还有两种鱼和我们打"鱼"的动作有点儿差别,一种是"鲨鱼",因为鲨鱼有锋利的牙齿和巨型的嘴巴,所以我们加上了一个大嘴开合的动作。另一种是"热带鱼",说到热带鱼,大家都会想到那些五彩缤纷、体型各异的小鱼,所以用"鱼"的手势动作就不太合适了,这里用了"山"的手形来表示热带鱼(观看视频)。

- 词语复习

　　鱼　草鱼　带鱼　黄鱼　鱼钩　鱼篓　鱼叉
　　鲨鱼　热带鱼

说文解字

这是"家"的甲骨文字形。上面是一个"宀","宀"表示建筑或者房子,"宀"下面是一个"豕","豕"就是我们现在说的猪,古人很早就把它驯养为家畜。古代的时候,生产力不发达,人们常常在屋子里面养猪,屋子里有猪是家的标志,所以家的本意就是屋内、住所,引申为家庭、家人。

手语学习

"家"在手语里就用双手搭成"∧"形状来表示。大家一看就知道这像一个屋顶。所以"家"这个手势动作也可表示"房子"。和"家庭"有关的人叫"家属",家里用的东西叫"家具"。因为这个手势也表示"房子",所以像"学校""医院"这样的词也包含这个手势。我们共有的大"家"就是"国家"。大家所熟悉的《国家》那首歌,里面有句"国是我的国,家是我的家",这两个手势动作组合在一起就是"国家"。

词语复习

家(房子)　家属　家具　学校　医院　国家

（财、贫）

说文解字

这是甲骨文的"贝"字，像一个张开的贝壳，所以"贝"字的本意是一种海贝。古代的时候，用贝壳作为货币，因为它漂亮，还可以用它来装饰。和"贝"有关的字经常和财产、装饰品有关系，比如"财"就是用"贝"作为偏旁。"贫"上面是一个"分"，下面一个"贝"，贝被分开，财物少了自然就贫穷了。

手语学习

手语中"贝"的打法是用双手的掌心相合，手背拱起，然后打开，模仿"贝"的样子。如果是指"贝壳"，那还需要用右手的食指指一下左手的手背，表示这是"壳"的部分。有一种海产品和这个"贝"也有关系，叫"鲍鱼"，它也用到了"贝"的手势，但里面还有一块可食用的软体部分，要用右手拇、食指捏成圆形，放在左手掌心上。

词语复习

贝　贝壳　鲍鱼

身体篇

在岁月之泉和生命之歌中,
身体是自我的风格,
思想的承载,
灵魂的圣殿。

● **说文解字**

　　这是"口"的甲骨文，画的就是一个"口"的形状。"口"在脸上非常醒目，是人用来吃东西和说话的器官。"口"的本义就是嘴、口腔。用"口"做偏旁的字，有的和吃有关系，像吞、吸、含等；有的和说话有关，比如喊、唱、问等；还有的和"口"这个器官有关系，如唇、吻。

　　前面我们讲了三个木是森林，大家猜猜，三个"口"放在一起会是什么意思呢？"口"代表人或物品，一个"口"代表一个，三个"口"就是多个人或物了，所以"品"的本义表示众多。

● **手语学习**

　　用食指沿着嘴部转一圈，就表示"口"，也就是"嘴"。如果在"口"的后面加这样一个手势动作（观看视频），就表示"口号"；在后面加拼音字母"K"，是指医院的"口腔科"；前面加"海"就是海南省的省会"海口"；前头加上"出"或者"进"就表示"出口"或"进口"。有时候"口"也会使用食指、中指并拢的H手形，比如"口语"；H手形在嘴部绕两下，表示"户口"。第三种情况就是直接模拟实物了，比如我们现在人人都有的"口罩"，还有女士喜欢的"口红"。这些事物都和"口"有关。

　　前面我们提到的"品"，是由三个口组成的。在手语里"品"是直接模仿这个汉字的形体。"品德"是这样打出来的。大家记住了吧？

● **词语复习**

　　口　口号　口腔科　出口　进口　口语　户口　口罩　品德

名（字）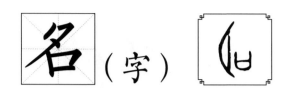

说文解字

这是"名"的甲骨文字形，它的右下方是口字，左边是一个𠂉，合起来表示用口报出自己的名字。"名"的本义就是命名、起名字。名字是我们对人、对物体的称呼，古代的人认为名字非常重要，后来名就引申出"有名、著名"的意思。我们现在常说的"名字"，"名"是起名的意思。"字"的意思本来是生孩子，它的字形是一个子在"宀"下，就是屋子里有一个孩子，所以"字"从这个意义上引申出"繁育、滋生"的意思。从名字来讲，"名"是人们出生时就要有的，"字"是后来长大再另外取的，所以字在名后面。现在名字合起来表示一个人的称呼，就不区分"名"和"字"了。

手语学习

我们先从"姓名"这个手势动作说起。这三个手指可以代表中国人名字里的三个字。中指代表的是"姓"，下面两个手指就代表"名"。手语里和"名"有关的词大都和这个左手手形相关。比如"地名"就在这个动作前加"地"；"笔名"就在前面加"写字"的动作；"点名"就在前面加一个"食指点"的动作。我们还可以这样用这个手形：这个动作表示"签字、报名、登记"，因为它表示把名字写在了某处；还有"名牌""名誉""著名"这样的词，把"名"都放在了耳部。但是大家要注意的是，动作的方向稍有差异。"名牌"和"名誉"是向里，"著名"是向外。

词语复习

姓名　地名　点名　签字　名牌　名誉　著名

说文解字

　　这是"舌"字的甲骨文字形。它的下面是一个"口",上面像舌头的形状。"舌"的本义就是舌头,是口中用来说话和辨别味道的器官。"口"和"舌"经常连在一起使用,表示和说话有关的意义,如口舌之争、口干舌燥等。

手语学习

　　手语里表达"舌"非常简单,就是用食指指一下自己的舌头。但这个词在手语里其实不常用,有个成语叫"瞠目结舌",形容人惊呆或害怕的样子,用手语表达时既不用指眼也不用指舌,而是用"惊奇"和"张嘴"两个手势动作,同时配合表情即可完成。

　　我们借"舌"这个字说说和它同音的"蛇"。手语里"蛇"的打法,大家一看就知道,是用这两个手指表示蛇吐出的信子。

词语复习

　　舌　瞠目结舌　蛇

说文解字

　　这是甲骨文中的"耳"字,它的方向不同,有的是朝向右边,有的朝向左边,不过从形体上看都是人的耳朵的形状,所以"耳"字本义就是耳朵,是人用来听声音的器官。

手语学习

　　食指指一下"耳朵",就是手语里的"耳"。和"耳"有关的手语词很多都在耳部打出。比如"耳钉"和"耳环",就是指尖在耳垂部杵一下或者拇、食指捏住耳垂晃几下;"耳机"和"耳麦"是与耳朵相关的收音工具;"人工耳蜗"是听障朋友的好助手;三月三日是"爱耳日",每年都会有不同的主题活动和宣传口号。最后,大家猜一下我现在展示的是哪个成语呢?这是"充耳不闻"。

词语复习

耳　耳钉　耳环　耳机　耳麦　人工耳蜗　爱耳日　充耳不闻

目 （泪、眼、眉）

● **说文解字**

甲骨文中"目"的字形非常形象，就是一只眼睛的形状，包括中间的眼球和四周的眼眶。"目"的本义就是眼睛，所以很多和眼睛有关的字都有一个"目"在里面。比如"泪"，就是"目"加上"水"，眼睛里出来的水当然是眼泪了。"苜"（眉）是眼睛上方的毛，它的字形就是在"目"上加了几根毛发。而我们现在常说的"眼睛"的"眼"出现得比较晚，是一个形声字，"目"是偏旁，右边的"艮"是声旁，本义是眼珠，后来用来泛指眼睛，"目"字就很少单独用了。

● **手语学习**

"目"和"眼"在手语中的打法是一样的。和"目"相关的词也多和"眼"部有关，例如"目的"和"目标"。这两个词经常有人分不清楚。大家可以这样记："目的"的打法中，右手的最后动作是一个"点"，而"目标"的打法中，右手的最后动作是一个"标杆"。如果把双眼挡住了，这就是"盲目"。还有一种方式是用"看"的手势来代替，比如"瞩目"这个词，手语打法看起来就像很多人同时注视同一个人或事物，"目中无人"也是这样，指尖朝上，视线方向也随着上挑，表示眼里没有他人。第三种"目"的打法有"条目"的意思，比如"题目""科目""目录"，等等。大家在用的时候要注意根据词的具体含义加以区分。

● **词语复习**

目（眼） 目的 目标 盲目 瞩目 目中无人 题目 科目 目录

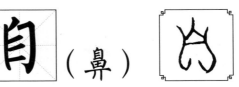

说文解字

这是"自"的甲骨文字形,就是画的鼻子的形状,上面部分是鼻梁,下面两个往里勾的是鼻孔,所以"自"的本义是鼻子。后来,表示鼻子的"自"常常用来表示自己的意思,它原来表鼻子的意思就用另一个字"鼻"来代替了。大家看,"鼻"就是在"自"下面加了一个"畀",这个"畀"是表声音的,它是一个形声字。

手语学习

先说说"鼻",学过了"口""舌""耳""目",大家自然就知道"鼻"的手语打法也是指自己的鼻部。我们感冒时最明显的症状就是流鼻涕,所以"感冒"和"鼻涕"这两个手语词都在鼻子附近打出来。

再说说和它相关的"自"。手语里这个手势就表示"自己",不少带"自"的词语,如"自立""自强""自豪""自卑""自首"等都和这个"自己"有关。还有两个词虽然字面上带"自",但实际上并没有用到这个手势动作,一个是"自然",一个是"自私"。大家注意看两个手语词的异同点,都是先捏合再张开,都是向胸部碰一下;不同的是一个是单手,一个是双手。大家记住了吗?

词语复习

鼻　感冒(鼻涕)　自己　自立　自强　自豪
自卑　自首　自然　自私

说文解字

这是甲骨文中的"心"字,它是一个象形字,像心脏的形状。"心"的本义就是心脏。古人认为心脏是用来思考的,所以"心"引申出"思想、心理"这样的意义。

手语学习

这个字不用多讲,相信它的手语打法大家都会。但是要注意的是,《国家通用手语词典》上规定的标准打法应该是双手拇、食指仿心脏的外形,而不是拇指与其他四指组成一个"心"。和"心"有关的汉语词特别多,我们就给大家介绍一些常用的,看它们在手语中怎么表示。和心脏生理、病理相关的有"心率""心电图",这些词中的"心"位置都要打在心脏的位置。另外和"心理"活动有关系的词有"心愿""真心""心情"等,这样的"心"一般放在胸膛中间即可。

有一组词大家可以试着放在一起记:"心"加"合适"就是"称心";心提起来了就是"担心";心放下了就是"放心";心向一边歪了就是"偏心";把心按下去就是"安心"。怎么样,是不是很有意思呢?

词语复习

心　心率　心电图　心理　心愿　真心　心情
称心　担心　放心　偏心　安心

（右）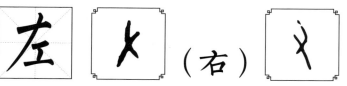

说文解字

　　这是"左"字的甲骨文字形，是一个左手的形状，本义是左边。左和右是人们对空间的感知，往往是以自己的身体作为参照物的。所以"左""右"这两个字就用左手和右手的形状来表示，后来在手的下面加上标记的符号，写成了我们现在的"左""右"。

手语学习

　　手语里的"左"和"右"打法非常简单，"左"就是拍一下左臂，"右"就是拍一下右臂。有的时候在生活中也可以直接用左右手掌来示意"左右"。当我们面对一个事物或者问题，无论怎么做都为难的时候，就用"左右为难"这个成语来表示。但是，如果在手语中需要表达"左转""右转"这两个意思的时候，直接用侧立的手掌示意就可以了。

词语复习

　　左　右　左右为难　左转　右转

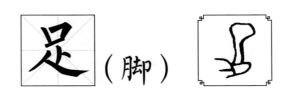

说文解字

这是"足"字的甲骨文字形,它表示膝盖以下的腿的形状,竖着的是小腿,小腿下面带分叉的是脚和脚趾头,所以"足"的本义就是小腿,后来词义转移,单指脚。

手语学习

"足"在手语里有两种打法。(观看视频)如果这代表一个人,那这儿就是"脚"。另外一种打法就直接把两只手掌贴合在一起表示"脚"(即《国家通用手语词典》中的脚2)。"足"字和"脚"的意思相同,所以手语里表示"足球"时,也会用到"脚"这个手势。还有个词表示"行走时不小心跌倒",也就是"失足"。"足"还有"充分"的意思,所以汉语中还可以这样造词:"充足""满足"。

词语复习

足(脚(打法1 打法2)) 足球 失足(打法1 打法2) 充足 满足

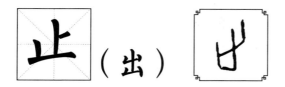

说文解字

"止"字的甲骨文画的是一个脚的形状,上面的是脚趾头,下面的部分是脚面和脚掌,它的本义就是脚。通过脚可以去任何地方,所以引申为"到达"的意思,再由"到达"引申为"停止、静止"的意思。

手语学习

如果我问你平时用什么方式表示"停"呢?你肯定知道就是手语里的"停止"。双手同时向下按,再加上"停止"的手势就表示"静止"。

"禁止"也有两种打法,大家常用的可能是模拟"禁止"标志的这个动作。如果双手掌这样向外推,就表示"防止"。

词语复习

停止　静止　禁止　防止

二维码

说文解字

这是"步"字的甲骨文字形，是由两个"止"组成的，两只脚一个在前一个在后，就是走路的样子，所以"步"的本义是行走，也可以表示人们走路的动作。我们现在一只脚走出去叫一步，按照古代人的理解，"步"是两只脚行走，所以古代的一步相当于我们现在的两步，要两只脚各迈一次才叫一步。

手语学习

手语中，我们常常用垂下来的食、中指表示双腿。所以这个动作就表示"散步"。《国家通用手语词典》里"进步"和"退步"也各有两种打法，在这里我们给大家介绍一组。（观看视频）当"步"表示事情进行的程序、程度、阶段的时候，我们会用到"步骤"这个词。大家可以看到这个手势动作也清晰地呈现出"顺序、程序"的意思。汉语中还有个词叫"让步"，这里的"步"没有"腿""脚"的意思，因为让步是指在争执中部分地或全部地放弃自己的意见和利益，所以手语打法看起来就好像是把自己的这部分给了他人。

词语复习

散步　进步　退步　步骤　让步

人伦篇

父子有亲,君臣有义,夫妇有别,
长幼有叙,朋友有信。
人伦睦则天道顺。

（从、北、众）

说文解字

这是"人"字的甲骨文形式。从字形上看，它像一个站着的人的侧面形状，上部分伸出的是手，用象形的方式表示人。那么大家知道两个人在一起表示什么吗？三个人呢？如果两个人的方向相同，那就是"𠨍"（从），表示一个人跟着另一个人，本义就是跟从、随从；如果两个人方向不同就是"𠨭"（北），表示相背、背对。三个人是"众"，古代一般用三或者三的倍数表示多，所以三个人的形状放在一起就表示人很多。

手语学习

正如"人"字的字形一样，双手食指交替相搭，就是手语里的"人"。"人"字前后搭配上不同的字就组成了不同的词，比如"人类""人数""成年人""残疾人"，等等。

"从"的本义是"跟随"，我们用手语展示这个字也是非常形象的，就是用双手食、中指同时搭成两个"人"字。"从"可以表示"按照"的意思，如"从严""从重""从宽"，等等。"众"呢，自然就是三个手指相搭并平转一圈，生活中最常用的词就是"群众"。

词语复习

人　人类　人数　成年人　残疾人　从　从严　从宽　众　群众

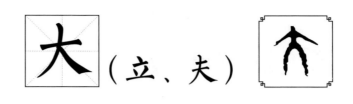

说文解字

　　这是"大"字的甲骨文形式。"大"也表示"人",不过甲骨文中"大"和"人"的字形不一样。"人"是侧面站着的人形,"大"是一个正面的、张开双手双脚的人的形状。古人认为人是天地之中最强大的,所以"大"的基本意义是大小的大。

　　把"大"字下面加一横,就是"站立"的"立"(↑),"立"的字形是人站在地面上,下面的一横表示地面。把"大"的上面加一横,就是"夫"(夫),"夫"指的是成年的男子,古时候小孩子的头发是披散着的,到了成年的时候举行冠礼,用簪把头发挽起来,就表示步入成年了。所以"大"字上面一横就是头发上的簪子,加上簪子表示儿童进入成年阶段。

手语学习

　　"大"在手语中的打法是这样的,通过双手的移动和幅度来表示"大"的概念。汉语中,和"大"有关的词语有很多,比如常用的"大家""大概",等等,"大"除与"小"相对外,还可以表示程度上超过一般,比如二十四节气中的"大暑""大寒"。

　　我们还经常会说:他为人"大方",这个"大方"表示对财物不计较,不吝啬。而衣着"大方"就是表示穿着得体了。

　　"大失所望"这个词里,"大"是个副词,表示"非常"的意思。手语中不需要专门打出"大"去强调程度,用表情就可以展示出失望的程度。所以我们再次提醒大家,手语并不是和汉字字字对应的,它很形象,要多结合实际含义去理解、记忆。

词语复习

大　大家　大概　大暑　大寒　大方　大失所望

说文解字

这是"元"字的甲骨文形式。大家看它是不是像前面说过的"人"字的形状呢?不过在"人"的最上面加了一横,有的金文甚至把这一横直接改成了圆圈——𠃍。这看起来就很清楚了,它本义表示的是人的头。由于头长在人身体的最上面,所以"元"也引申出"开始""第一""大""首脑"等意思。

手语学习

"元"表示第一、开始的时候,手语也相应地使用"第一"的手势动作,例如"元首"这个词,就是"国家领导人中排行第一者"的意思。由于"元"和"圆"谐音,手语里也经常用拇、食指捏成圆形来表示"元",比如"元代""单元""公元"等。作为货币单位的"元",手语中可以用"钱"来表示,比如"美元""日元"等。不过我们平时说"一元"的时候,有一种更简单的打法,如果是"两元""三元",在这个基础上直接换数字就行了。

之前我们讲数字的时候还说过一些节日,和"元"有关的那就是"元旦"和"元宵节"了。这里要特别说明的是"元宵节",它的手语打法可不是打"元/X/J",而是直接模仿搓汤圆的动作。记住了吗?

词语复习

元首　元代　单元　公元　美元　日元　一元
元旦　元宵节

说文解字

这是"子"字的甲骨文形式,像一个在襁褓中的小孩子形象。它的本义是婴儿。我们现在说的"子"一般指儿子,古代男女都可以叫作"子"。"子"还是对人或者老师的尊称,所以我们历史上有很多有名的人,人们称他们孔子、老子、孟子、庄子,等等。

手语学习

手语中没有单独的"子"的打法。"婴儿"的打法是直接模仿手拍怀中婴儿的状态。"儿子"的打法有两种,一种打法是先打"生育"再打"男",两个手势组合在一起表示生的男孩,也就是儿子;第二种打法是先打"男",再打"小孩儿",两个手势连起来表示男孩,也就是儿子。在"子宫"这个词语中,"子"的打法是用拼音字母"Z"来表示的。这种打法,也用在古时对人或老师的尊称中,"孔子""老子""孟子""庄子"等人名中的"子",都是借用拼音字母"Z"的打法。

词语复习

婴儿　儿子(打法1　打法2)　子宫
孔子　老子　庄子　孟子

- **说文解字**

　　这是"父"字的甲骨文形式。"父"虽然表示父亲,却不是用人的形状。它右边这个是手,用手拿着石斧,表示父权。父亲往往是威严的、严厉的,所以古人用这个形象表示父亲。

- **手语学习**

　　手语里用这个手势表示"父亲"。为什么呢?我们可以理解为:父亲(爸爸)是一家之主,是最重要的一个人,所以排在第一。家中还有一些男性亲属,口语称谓中也带有"父"。例如"伯父"这个词,不仅是称呼父亲的哥哥,也可能用来尊称和父亲同辈的年长的人。还有姑姑的爱人,我们称为"姑父";姨妈的爱人,我们称为"姨父"。

- **词语复习**

　　父亲　伯父　姑父　姨父

说文解字

　　这是"男"字的甲骨文形式。上面四方格子是田地,下面像"力"的部分是用来犁田的工具。早期农业社会里就有了社会分工,男子力气大,就外出劳作,所以甲骨文用"在田地里犁田"表示男性,这是一种会意的方式。

手语学习

　　手语表示男女的手势非常清楚、简练。"男"这个动作就是模拟男子的短发。"男孩"的手语打法直接加个"孩子"在后头即可。"男士"的第二个动作,是模仿"士"字形,这个"士"可以理解为"先生"的意思。
　　在家人中除爸爸、叔叔、伯伯这些男性外,还有和自己同辈的"哥哥"和"弟弟"。大家发现了吗?这两个词的手语打法和"男"有关。但是一个用的是中指,一个用的是小指。为什么呢?我们把爸爸作为第一,妈妈作为第二,无名指默认为代表自己。那么哥哥比自己大,就要排第三,弟弟比自己小,所以排最后。这样一说,大家是不是就记住了呢?

词语复习

男　男孩　男士　哥哥　弟弟

● 说文解字

　　这是"女"字的甲骨文形式。女的本义就是女子,所以也是用人的形状来表示。但是这个人形和"人""大"不一样,它像一个侧面跪着的人,而且双手交叉放在身前。这表示在古代,女子的地位不高,所以造字的时候用了这样的方式表示。女和男是相对的,表示性别。甲骨文中还有一个字和"女"很相似——,就是在"女"的字形上加了两点。这个字大家猜猜是什么意思呢?它就是"母"字。女子做了母亲,就要给孩子哺乳,所以加上的两点是指示乳房,表示喂养孩子的意思。

● 手语学习

　　和"男"相对的性别是"女"。手语里用捏耳垂的动作来代表"姑娘""女性"。和"男孩"打法的思路一样,"女孩"就直接在"女"的手势后头加个"孩子";"孙女"的"孙"将汉语拼音中的S手形放在额头;女儿的爱人就叫"女婿"。

　　手语里没有单个汉字"母"的打法,但是"母亲"的手势动作很常见。此外,"母亲"这个手势也出现在"姨母""舅母""伯母"等这些亲属称谓的手语打法中。大家发现了吗?这些动作都在脸的下半部。因为这些概念都属于亲属称谓。所以和我们上次提到的"兄弟""伯父"这些词一样,所有的亲属称谓手势都在这个部位打出。

　　最后我们考考你:还记得"哥哥""弟弟"的打法吗?如果会了,那"姐姐"和"妹妹"你会吗?

● 词语复习

　　女　女孩　孙女　女婿　母亲(妈妈)　姨母
　　舅母　伯母　姐姐　妹妹

说文解字

这是"老"字的甲骨文形式。大家看像不像一个拄着拐杖的老人？中间是一个侧面的人形，前面那一短竖是他的拐杖，头上的头发表示年纪很大，所以"老"字的本义就是年老，年龄大。

手语学习

"老"的手语打法特别形象，表示年老后皮肤松弛下垂，出现皱纹。在这个手势动作后面加上"人"就是"老人"；如果加个"房子"就是"老家"。（观看视频）我这三个动作连在一起，大家猜出来是什么意思了吗？这是"老花眼"。我在"老"的动作后面拍一下腰间，表示荷包鼓鼓、很富裕，这就是"老板"。

在这儿要告诉大家，"老师"这个词虽然字面上也有"老"，但它可不是"年龄大"的意思。手语里直接把拇指放在胸口就可以了。还有"老鼠"这个词也是，直接打"鼠"就行，不需要在前面添加"老"的手势。

词语复习

老　老人　老家　老花眼　老板　老师　老鼠

说文解字

　　这是"友"字的甲骨文形式。"友"其实是由两只手组成,后来一只手变成了一横加一撇,另一只手变成了"又"的形状。两只手在一起,意思是用手帮助,所以它的基本意义就是朋友,朋友就是能相互帮助的人。那"朋"字和"友"字经常连在一起用,它是什么意思呢?我们现在看"朋"字是两个"月"组成的,其实它的甲骨文是" ",这是两串贝壳。贝壳在古代是货币单位,相当于我们现在的钱币,五个贝壳串起来是一系,两系合起来就是一朋,引申为"同有所系者",有共同利益或共同志向爱好,这就产生了朋友的意思,它和"友"组合成了我们现在常用的"朋友"一词。

手语学习

　　我们常常在手语里见到这个A手形,它也经常用来代表"人"的上半身。两个A手形并排放在一起轻碰一下,就表示两个人在一起,会意为"朋友"。朋友在一起就会产生"友谊",这样大家就学会了两个手语词。我们还会评价一个人非常"友善","友善"的打法第一个动作就是"朋友",第二个动作代表"善良"。

词语复习

　　朋友　友谊　友善

器物篇

器物不仅是有形的载体,更是大道的传衍。
古人有言"玉不琢不成器",
人若要成器,应同制器一般自省与磨炼。

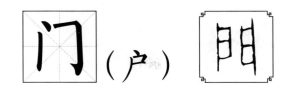

说文解字

这是"门"字的甲骨文形式,像对开的门的形状,左右各有一扇门板,指的是房屋或者建筑物的出入口设置的通行装置。要是只保留"门"字的一半,那就是"户"了,古代门和户都是现在所说"门"的意思,但是两扇对开的叫"门",一扇的就叫"户"。

手语学习

在手语里用双手并排直立的动作来表示"门";双手对开就是"开门";门上挂的牌子就是"门牌";在门口守卫的人就叫"门卫";能防止被人盗窃的门叫"防盗门"。福建有个著名的旅游城市,叫"厦门"。"厦"和"夏"同音,所以这里借用"夏"的手势,再加上"门",就是"厦门"的手语打法。

词语复习

门　开门　门牌　门卫　防盗门　厦门

说文解字

这是"向"字的甲骨文形式。字的上面是"宀",表示房屋,甲骨文中看起来像屋子的一面墙,下面的"口"是在墙上开的洞,也就是窗户,所以,"向"字的本义就是窗户。

手语学习

"向"的手势动作还可以表示"朝",如果在前头加一个"方"就是"方向"。如果手腕转向一侧,就是"偏向"。两个人相对着走,表示"相向"。还有一种花叫"向日葵"。第一个动作大家看懂了吗?对,这就是嗑瓜子的动作,瓜子是向日葵的果实,第二个动作就好像模仿向日葵的花盘朝着太阳的方向转。

词语复习

向　方向　偏向　相向　向日葵

说文解字

　　这是"弓"字的甲骨文形式,像一张完整的弓的形状,左边弯曲的是弓背,右边的直线是弓弦,后来弓弦被省去了,弓背的形状演化成了我们现在的"弓"字。

手语学习

　　《国家通用手语词典》中,我们查不到"弓"字,但可以找到"射箭"的手语打法。"弓"就是用来射箭的器具,所以,"射箭"的手势,也是可以表示"弓"的。古时候,人们通过射箭进行捕猎。当然了,"弓"在那时候的战争中也是不可缺少的利器,在现代射箭则成了一种竞技体育项目,著名的奥运会上就有射箭这个比赛项目呢。

词语复习

弓(射箭)

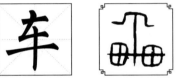

● 说文解字

　　这是"车"字的甲骨文字形,就是古代战车的形状,下面两个圆圆的是车轮,车轮用车轴和车身连接在一起。后来,汉字简化,其他部分都省去了,只画车厢,车轮也省略成一个剖面,就成了"車",简化后变成了我们现在用的"车"。

● 手语学习

　　车的种类特别多,所以手语里也有很多种打法。最常用的打法是双手模拟操纵方向盘的动作,比如"车轮""车牌""车站"。第二种和火车的轨道相关,比如说"动车",右手模仿的就是动车高铁的外形,还有火车或地铁的"车厢",这里的"车"在轨道上行驶,所以不能用"方向盘"那个打法来代替。第三种是模仿车的具体外形,比如"出租车"就是模仿车顶的顶灯,还有"缆车""卡车",都是直接模仿车的外形。

● 词语复习

　　车(开车)　车轮　车牌　车站　动车　车厢　出租车　缆车　卡车

说文解字

这是"舟"字的甲骨文形式。它像一艘小船的样子，两边是船帮，中间分为船头、船舱和船尾，"舟"的本义就是船，后来和船有关的字很多都用舟做偏旁。

手语学习

手语中的"船"，打法是双手手掌斜立，指尖抵在一起，向前移动，模仿船向前行驶的样子。如果右手手掌直立放在左手的掌心上向前走，大家觉得这看起来像什么？对，就是"帆船"。如果把手掌换成代表人的Y字形，那么大家说这个动作什么意思呢？这是"乘船"。

还有一种船，造型比较特殊，那就是"宇宙飞船"，左手代表的是地球，右手的"山"手形围着它转一圈。

还有个成语叫"刻舟求剑"，相信大家对这个故事都特别熟悉，"刻舟"就是在船边刻下痕迹。

词语复习

船　帆船　乘船　宇宙飞船　刻舟求剑

说文解字

　　这是"玉"字的甲骨文形式,像一根绳子串着一串玉石。玉是温润而有光泽的一种美石,古代的人们喜欢用它来代表人的美好品德,所以经常用作装饰品。"玉"也是很常见的一个偏旁,很多表示珍贵意义的字,如"珍""珠"等都是用"玉"做偏旁,只不过"玉"字那一点省掉了。

手语学习

　　手语里的"玉"其实是借用"玉米"这个词的手语打法,看起来好像在吃玉米。汉语里带"玉"字的词非常多。如我们前面说的,带斜玉旁的字有很多都表示珍贵的美玉,但是手语打法却不一定和"玉"有关,比如"珊瑚""珍贵"。

词语复习

玉(玉米)　珍贵　珊瑚

说文解字

　　这是"衣"字的甲骨文形式,画的是一件衣服的形状。上面像衣领,左右两边是两只衣袖,下面像衣襟左右交叉的样子。衣的本义是上衣,后来泛指穿在身上的各种衣服。很多和衣服有关的字都用"衣"做偏旁,比如"被""衫""裙"等。

手语学习

　　手语里"衣服"和"布"是同一个手势动作来表达。和"衣"相关的词的手语打法基本都包含这个手势动作,比如"衬衣""毛衣""雨衣""衣架""衣柜"。不过要告诉大家,洗衣服用的"洗衣皂""洗衣粉""洗衣液"都不用打"衣",这里的"洗衣"都用一个"洗"的动作独立表达,重点是后面所跟的"皂""粉""液"不同。

词语复习

衣服(布)　衬衣　毛衣　雨衣　衣架　衣柜
洗衣皂　洗衣粉　洗衣液

说文解字

这是"力"字的甲骨文形式,看起来像一个用来耕地的农具,前面尖尖的头可以把土地翻开,中间长长的是用来扶着的柄。耕种土地是需要力气的,所以"力"的意思就是力气、体力。

手语学习

手语里的"力"和"力量"打法上的区别就是握拳屈肘向内弯动一下还是两下。"力"的手势在手语中出现较多,比如"视力""听力""智力""毅力""弹力",等等。有些手语词和"力量"的打法很相似但稍有不同,比如"努力",向身体一侧大幅度挥动两下。再比如"尽力",用食指在上臂划出发达的肱二头肌的轮廓。

考考大家,(观看视频)是什么意思?这是"防止",这是"病",再加"力"。大家猜出来了吗?这个手语词就是"免疫力"。

词语复习

力　力量　视力　听力　智力　毅力　弹力
努力　尽力　免疫力

性状篇

宇宙间不能只有一种色彩,
各种各样的人和事物,
构成了我们这个丰富多彩的世界。

说文解字

　　这是"上"字的甲骨文形式,上面的短横相对于下面的长横来说表示位置在上,所以上的本义就是上面。相对地,"下"字也是这样的两横组成,不过短横在长横的下面,表示位置在下的意思。

手语学习

　　用手语表达"上"和"下"这组概念非常容易,就用食指直接指一下上方或下方即可,比如"上班"和"下班","上午"和"下午","上游"和"下游"。也有不用食指,换用整个手掌或特定的运动方向来表示"上"和"下"的,比如"上课"和"下课",就是以K手形的向上和向下来区分意义。"上旬"和"下旬"则是掌心向上或向下运动。

　　我打一个手语成语大家来猜猜是什么意思吧。(观看视频)有上有下,连接在一起向下。对,这个成语就是"承上启下"。你猜对了吗?

词语复习

　　上　下　上班　下班　上午　下午　上游　下游
　　上课　下课　上旬　下旬　承上启下

说文解字

这是"多"字的甲骨文形式,由两个"口"组成。两个叠起来,表示数量很多,所以"多"的本义是数量多,和"少"相对。

手语学习

手语里"多"的打法是一手或双手侧立,五指张开,边抖动边向一侧移动。如果五指向上,掌心向内,交替点动,那就表示"多少"的意思,记得要配合疑问的表情。太多了,超过需要的时候,我们就会用到"多余"这个词。有个成语叫"见多识广",字面意思就是"见过的多,知道的广"。所以手语也是这样表达的。

词语复习

多　多少　多余　见多识广

• 说文解字

这是"好"字的甲骨文形式,它是一个会意字,右边是"女"字,左边是"子",像人抱着孩子的样子。它的本义是美好,表示女子的容貌很美。后来引申到表示品质、性格优良。

• 手语学习

这个手势不用教相信大家都会,一手伸拇指,面露赞赏的表情,这就是"好"。因为它和"美好"相关,所以手语里的"美"最后也是落在"好"这个动作上。如果比"好"稍稍差一点儿,我们就说是"良好",也就是"第二好"。(观看视频)我打这个手势大家一定奇怪,"转好"是什么呢?其实这就是汉语词"好转",表示转向了好的方面。

顺便说一句,如果我们问别人"好不好",那就可以用"拇指小指交替弯动"的动作,同时配合表情来表达。这个手势打起来有点儿费劲,是对我们手指协调性的挑战哟!

• 词语复习

好　美　良好　好转　好不好

说文解字

这是"正"字的甲骨文形式,下面的形状是"止",就是脚的意思,上面的方块或横线表示脚所走向的目的地,本义是征讨的征,后来假借为方正的正。

手语学习

手语中,"正"的打法是双手直立,掌心相对,向前一顿。打"正"的手势要注意是向前一顿。如果是向下一顿,指尖朝前,表情还比较严肃,这个手势的意思就变成了"正式"。如果边向前一顿边伸出拇指,那就叫"正好"。在"正"的后面加上"一手侧立,向前移动一下"这样一个手势动作,就是"正直"。

汉语中用到"正"的词比较多,例如"正方形""正常""正义""改正"还有现在经常会提到的"正能量",这些词的手语打法都包含"正"的手势。

词语复习

正　正式　正好　正直　正方形　正常　正义　改正　正能量

说文解字

这是"美"字的甲骨文形式,下面是"大"字,即正面的人形,头上是装饰物,既可以指食物的味道甘美,也表示相貌美、品格美。

手语学习

在讲"好"这个字的时候,我们已经提到"美"这个字的手语打法了,就是一手伸拇指、食指和中指,食指、中指并拢,先置于鼻梁部,然后边向外移动,边缩回食指、中指。这个手势也可以表示"漂亮、好看、美好"。

提到"美",大家能想到的词一定有很多,比如学校教育要包含"美育"方面的内容;学校里还会开设包括各种造型艺术在内的"美术1"课,其中学习绘画的课也叫"美术2";爱美的女性都会去做"美容";我们的身边有很多追求"完美"的朋友。

说了这么多,大家是不是会想到那句名言?"世界上并不缺少美,而是缺少发现美的眼睛。"

词语复习

美(漂亮 好看 美好) 美育 美术(打法1 打法2) 美容 完美

说文解字

这是"甘"字的甲骨文,字形就是口里面加一横,能放在口里的一般是食物,所以"甘"的本义指食物甘甜味美。

手语学习

"甘"这个字在《国家通用手语词典》中的打法并非表示"甘甜"的含义,而是代表"甘肃"的简称"甘",具体打法是一手伸食指,食指外侧贴于嘴部,并向前上方移动两下。"甘"这个字已有"甘甜"的意思,大家一定会想到和它相关的一种食物,那就是"甘蔗",手语打法就是模仿吃甘蔗的样子。还有个词叫"甘愿",手语中用"自愿"的打法来表示。

词语复习

甘肃(甘)　甘蔗　甘愿

动作篇

动作是人类改造自然、创造生活的不懈努力,也是有声语言和无形思想的形象外显。

说文解字

这是"学"字的甲骨文字形,像人用双手拿着交错的教学用具在房子里教学。后来人们在它的字形下面加上一个"子","子"就是孩子,孩子是学习的主体,所以"学"表示的意义更明确了。"学"的本义就是学习。

手语学习

手语里的"学"有两种打法。一种是"五指撮合,指尖朝内,按向前额"。这个动作重复两次,表示"学习"。用到这个手势的还有"学问""学术""教学"。另一种是"斜伸双手",模拟读书的样子,用到这个手势的词有"学历""学期""学校""同学""放学"。

有人会问,那"学生"怎么表示呢?注意,手语里的"学生"并没有用到上面所说的两种打法。"学生"的打法是一手拇指,一手小指,靠在一起碰一碰。这里的拇指代表老师,小指代表学生,千万要注意拇指比小指的位置要高一点儿,因为掌握了更多的知识本领才能当老师呢。

词语复习

学习　学问　学术　教学
学历　学期　学校　同学　放学　学生

说文解字

　　这是"习"字的甲骨文字形，上面的形状是"彗"字，表读音，下面是一个"日"字省略了中间一横，它的本义表示重叠、重复，后来就引申为反复练习。"习"和"学"经常一起用，"学"呢，是大人拿着教具教孩子知识，所以"学"和"习"合在一起，表示知识的传授和练习。

手语学习

　　作为姓氏的"习"，手语打法和"学"一样。所以咱们的总书记"习近平"的手语名字在《国家通用手语词典》中是这么表示的（观看视频）。如果在"习"的前面加一个"反复"的手势，就是"复习"。除了复习旧知识，我们还应该"预习"新的知识，找机会多"实习"。如果把"习"的手势稍作改变，向下移动并张开手指，那就是"习惯"的意思。

　　在这儿说明一点，"练习"这个词的手语打法和"习"不一样。在手语中，"练习""训练"等，用的是另外一个手势。

词语复习

　　习　习近平　复习　预习　实习　习惯　练习

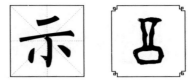

说文解字

这是"示"字的甲骨文形式,看起来像是祭祀时的神主牌位,放在祭祀的台子上,所以"示"的本义是神主。和"示"有关的字很多都和祭祀、礼仪有关,比如"祝""福""礼"等。

手语学习

在汉语中,"示"的意思就是拿出来给人看,使别人知道。所以手语里含有"示"的词汇大多也用"拿出来给别人看"这个手势来表达。例如:"展示""图示""示范"。这几个词里都出现了这个手势动作。"表示""出示"虽然没有用到这个手势,但从动作本身也能看出"给人看、让人知道"的含义。

词语复习

展示　图示　示范　表示　出示

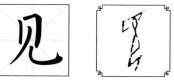

说文解字

　　这是"见"字的甲骨文形式,下面是一个侧面的人形,上面画了一只眼睛,人头上加眼睛,突出用眼睛看的意思,所以"见"的本义是看见、看到,和我们现在常用的"看"字意义差不多。

手语学习

　　大家看到这个手势动作,是不是就直接猜到了意思?对了,这就是"看"。伸出的食指和中指代表着我们的两只眼睛。如果我双手都打"看"的手势,指尖相对,表示双方的目光接触到了,这就是"见面"。还有两个手语词大家在用的时候要注意区分,一个是"会见",另一个是"接见"。"会见"一般是指身份平等的两个人见面,多用于外交场合,而"接见"则是在正式场合中身份高的人与身份低的人见面。所以这两个词不能用错。
　　前面我们在学习"多"的时候还介绍了一个成语叫"见多识广",大家还记得吗?

词语复习

　　看　见面　接见　会见　见多识广

说文解字

这是"吹"字的甲骨文形式,左边是一个"欠"字,"欠"字下面是一个人,上面一个口,像人张开口打哈欠的样子,"吹"字旁边还有一个"口",表示人张口呼气。"吹"的本义是用力呼气。

手语学习

"吹"这个动词在手语中一般就是直接模拟吹气的样子。比如"吹风机",一手伸拇、食指,食指指尖在头一侧转动几圈,表示手里拿的是吹风机,嘴同时做吹气的动作表示正在吹出风。还有"喇叭"这个手语词,同时也可以表达"吹嘘"的含义。前面讲解"牛"字的时候,我们提到了"吹牛",不知道大家是否还记得?打手势的时候要注意,嘴是鼓起的,模仿吹气的样子。

有个成语叫"吹毛求疵",手语打法看起来就是在手背上吹口气,然后再挑出毛病。这是个贬义词,表示故意挑别人的毛病,鸡蛋里挑骨头。

词语复习

吹风机　喇叭(吹嘘)　吹牛　吹毛求疵

● 说文解字

　　这是"问"字的甲骨文形式,"问"字是个形声字,上面的"门"表示声音,下面的"口"表示意义。"问"的本义就是询问。

● 手语学习

　　在手语里,"问"的打法是这样的:一手五指微曲,掌心向外,从嘴前向外微移两下。"问"本身也有"访问、咨询"的意思。如果双手都保持"问"的手势不变前后交替动两下,就表示两个人有问有答,就是"问答"的意思。"问号"就比较简单了,用食指直接在空中书写一个大大的问号,这个手势也可以表示"问题"。如果是"顾问",那就需要加个模仿衬衫领子的动作在前面。如果是"质问",那么就左手伸拇指在前,表示一个人的上半身,右手对着他打"问",同时配合严厉的表情。

● 词语复习

　　问(访问　咨询)　问答　问号(问题)　顾问　质问

后记

也许前世我不是一只黄莺
所以此刻不能纵情歌唱
但我一定曾是一只蝴蝶
所以今生注定要尽情飞舞

星辰大海，征途可期

在《中华手语大系》（视听版）这套书付梓之际，我想讲一个故事。

有一个小女孩，在两岁的时候就失去了听力，即使戴上最大功率的助听器，也只能听到微弱的声音。在寂静的世界里，她时刻怀着诚惶诚恐的心态警惕地用眼睛观察外界。生活中，大家都觉得她过于沉默，也很少有孩子愿意同她做朋友。

值得庆幸的是，听和说的言语链的断裂，并不能阻止她去寻找其他出口。写作和舞蹈为她插上了放飞自我的两翼，她不再沉寂，她小小的情怀在另一个世界里喷薄而出。六岁时，她连蒙带猜读完了《西游记》；七岁时，她公开发表第一篇作文；九岁时，她模仿唐诗三百首写下"转瞬不知何处去，星河深处觅踪影"的咏萤诗句；十二岁时，她已经屡获各种作文比赛、语文知识竞赛的奖项；十五岁时，她把心里话写成长长的日记，每周交给最信赖的班主任老师；十八岁时，她考入武汉大学中文系，个人随笔集被"榕树下"网站在首页推介。同时，她还着了魔似的喜欢舞蹈。年幼时，她趴在少年宫的窗口，看粉色纱裙白色舞鞋的小伙伴们翩翩起舞，但严格的家教却让她始终没有加入她们的机会，第一次走入舞蹈教室已是考上大学之后。数年苦练，她先后加入湖北残疾人艺术团、上海残疾人艺术团，在舞台上跳《千手观音》，跳《踏歌》，跳《孔雀飞来》。到复旦大学读博之后，她以一己之力创立了研究生舞蹈队。工作之后，不论到哪里，她都是所在单位舞蹈队的中坚力量。

没错，这个故事的主人公就是我自己。从两岁时算起，迄今我已在无声世界里度过了三十八个年头。从前头的这个成长故事中，可以抓取出"阅读""写作""舞蹈""表达"等诸多关键词。而如今，我又有了新的关键词，那就是"手语"和"教育"。

小时候，我和千千万万个普校随班就读的听障孩子一样，因交流不

便而忍受孤独、被边缘化、甚至遭受歧视，所以我一度排斥自己的聋人身份；而现在，我早已学会悦纳自我，凭借良好的手、口双语能力在有声和无声两个世界里穿行自如，并最终成为一名特殊教育专业教师，去影响和带动更多的听障孩子及其家人。我的成长受益于教育，而如今又投身教育。沟通于我，曾经是魔咒，而当我终于冲破魔咒、走向语言的光明自由之境时，我期待：人们可以经由我做出的成绩，看到听障群体巨大的潜力；人们可以通过我发出的呼吁，了解到听障群体真实的诉求。我也相信，不仅我能做到，更多的听障孩子通过接受良好的教育其实同样能做到。他们所需要的或许只是一个机会、一方平台、一点支持。而我，愿意用我的行动去帮助他们达成自己的梦想。

近年来，现代科技飞速发展、造福特殊群体，越来越多的听障孩子戴上了助听器，植入了人工耳蜗，进入普通学校学习。从表面上看，手语的使用者少了，手语似乎走向"濒危"了。但只有从沟通障碍中走出来的人，才能深深地体会到，视觉语言才是听障者最易于习得、最适合习得、最有感情的沟通方式。国外有一位听障长者曾说："手语是上帝赋予聋人的最高贵的礼物。"这是何等尊贵的礼赞！一位朋友还告诉我曾从英文文献中读到这样的诗句："如果你砍断了我的双手，我就用双臂打手语；如果你砍断了我的双臂，我就用双肩打手语。"这又是何等地震撼！我想，口语和手语，并非你死我活、非此即彼的关系，即使对于能听会说的听障者，甚至听力健全人士而言，多学一门视觉语言，也并非坏处，相反会极大地便利其沟通、拓展其表达，打开一扇通向新世界的大门。

手语是否能表达任何抽象概念？这个有意思的话题正巧也是我当年的博士论文题目。从语言学的视角审视，我们认为，手语有着人类自然语言所具有的全部潜力。但一门语言的成长，离不开环境和文化的滋养。手语必须拥抱主流文化、必须走向千家万户，方能消弭"小众语言"和"弱势语言"的刻板印象，方能规避在医学主义残障观的冲击下逐渐走向濒危的风险。《中华手语大系》（视听版）的诞生，正是基于这份珍视手语、倡导手语的初心，我们的团队也深怀让手语走入普通大众、和主流文化相结合的宏大愿景。用手语解说汉字、翻译《论语》、

诵读唐诗，让手语映射中华传统文化之美，就是我们所做出的第一个尝试。

回到我前面所说的那几个关键词上。作为曾经的舞者的我，深知手语的美，唯有最专业的听障艺术家才能演绎得淋漓尽致。非常荣幸，我邀请到了中国残疾人艺术团团长邰丽华女士和我一起主编本书，她和艺术团的演员们在镜头前的魅力使我一次又一次回想起那个魂牵梦萦的舞台。深深感谢南京市聋人学校为本书提供技术和人员方面的支持，并将本书的成果和特殊教育一线教学紧密结合起来。同样感谢为本书的面世与推广付出贡献的所有团队成员、聋人朋友和专家顾问。我是一个鲜少开口向人求助的人，但在本书的编撰过程中，有无数的人主动为我提供了各种各样的帮助，这份感激无以言表，唯有深埋于心。此外，我还要感谢本书的编辑、复旦大学出版社的张雪莉老师，她同样钟情于传统文化，有着深厚的古文献和戏曲造诣，我们的合作是多年之后一场偶遇结下的缘分。

多年前，我曾经在随笔中写下这样的句子："也许前世我不是一只黄莺所以此刻不能纵情歌唱，但我一定曾是一只蝴蝶所以今生注定要尽情飞舞。"感谢命运，让我得以获得了语言表达的自由，尝到了新生的喜悦。我想，今后，我将继续在有声和无声世界之间"飞舞"，做语言的纽带，做文化的桥梁。

走过人生四十载，经由本书出版的契机，发现我的几个"关键词"竟然在这里找到了最好的结合点。回望身后，若干条道路从时光的迷雾中绵延而至，在我所站立的当下汇聚，而又坚定而从容地奔向远方。面前的路倏然变得宽阔！

一个全新的、属于中国的时代，已经徐徐拉开帷幕。

而我们壮美如星辰大海的新手语征程，也将启航。

郑璇

二〇二一年九月于北京师范大学

图书在版编目(CIP)数据

手语说汉字/郑璇,邱丽华主编. —上海:复旦大学出版社,2022.1(2022.2 重印)
(中华手语大系:视听版. 第一辑;1)
ISBN 978-7-309-15919-6

Ⅰ.①手… Ⅱ.①郑… Ⅲ.①手势语-中国 Ⅳ.①H126.3

中国版本图书馆 CIP 数据核字(2021)第 185706 号

郑璇 邰丽华 —— 主编

视听版 第一辑

中华手语大系 第二册

手语读《论语》

复旦大学出版社

主　　编：郑　璇　郐丽华
副 主 编：陈源清　陈练文

学术顾问：（按姓氏笔画排序）
　　　　　王立军　王学松　刘　钊　杨逢彬　肖圣中
　　　　　陆岩军　陈广宏　赵世举　傅爱兰

艺术顾问：岑爱斌

编 委 会：（按姓氏笔画排序）
　　　　　于晓岚　王　雁　田　野　付心知　朱菊玲
　　　　　刘可研　刘炳俊　刘　慧　吴　铃　张春东
　　　　　张树东　张晓华　张悦歆　陈　静　陈　燕
　　　　　祝　悦　徐鸣宏　郭　欣　郭家聚　唐红霞
　　　　　涂朝阳　陶　莹　崔亚冲　梁玉音　谢爱明
　　　　　楚　颜　戴曼莉

分册撰稿：（按姓氏笔画排序）
付心知　刘可研　陈练文　陈　燕　郑　璇
楚　颜

手语指导：（按姓氏笔画排序）
乌永胜　刘　萍　杜银铃　杨在申　杨　凌
季　谦　周绍光　郑　璇　倪颖杰　焦育祎

手语模特：（按姓氏笔画排序）
陈　静　祝　悦　郭家聚

视觉设计：王　源　田　野
视觉制作：吴周洋　崔忠铭
视听朗诵：吉映澄　曹青莞
插图绘制：刘汉杰　何芳琦　赵　莉
手语校对：刘　萍　崔忠铭　康幸运
工作人员：陈　鑫　胡晓波

指导单位：国家手语和盲文研究中心
　　　　　中国盲文手语推广服务中心
　　　　　中华诗词学会残疾人诗词工作委员会
　　　　　中华志愿者协会国防教育志愿服务总队

支持单位：中国残疾人特殊艺术指导中心
　　　　　辽宁正方信息技术有限公司

视听制作：重庆予尔梦科技有限公司

微信扫一扫
观看《手语读〈论语〉》视频

《中华手语大系》(视听版)第二册

与残障人群共享中华文明
——序郑璇主编《中华手语大系》(视听版)

李宇明

如何对待残障人群,是衡量社会文明程度的标尺。

二十世纪八十年代,中国开展残疾人三项康复工作:小儿麻痹后遗症矫治、聋儿听力语言康复、白内障复明。湖北省民政厅为此开办了"听力语言康复研究中心",年过六旬的张家范女士,虽不是中心主任,但却是一位操心主事之人,有事业心,有权威,人们都尊称她为"太婆"。太婆把湖北省当年的防聋治聋专家武展元、张万化等先生请做顾问,听说我在研究儿童语言,也把我看作专家,聘为顾问。由此我开始接触聋人语言问题,至今已有三十多年了。

与其说我去康复中心当顾问,还不如说是去学习。在那里,我了解了聋儿语言康复的基本状况,包括聋儿家长的心理状态;了解了国内外语言康复的新动态,包括当时日本倡导的"聋健合一"康复模式,即让有一定残余听力的聋儿与健听儿童同班上课,聋儿有良好的自然语境,健听儿童也可获取心智之益。我认识到,聋儿语言康复是一番大事业,也有大学问,不仅自己带着科研意识去工作,还把我的学生许昌洪、袁悦介绍到中心,后来我的学习教育专业的妹妹也到中心工作,他们都在这一领域做出了成绩。我把语言学知识、儿童语言发展理念用在语言康复中,与中心的骨干教师一起,编纂了《聋儿语言康复教程》(华中师范大学出版社,一九九〇年)。教程秉持"全面康复"的理念,有三编二十四单元,包括听觉训练、语言训练和智力训练,后面还附有《聋儿语言康复发音训练操(试行)》。据说,这是国内首部公开出版的供教师和聋儿家长使用的聋儿语言康复教材,效果不错,一九九四年还获得了中国残疾人联合会等五单位颁发的全国首届"奋发文明进步图书奖"二等奖。我还发表了论文《聋童声母获得状况研究》(与徐昌洪合作,《语言文字应用》一九九二年创刊号)、《汉族聋童语音发展的规律及康复对策》(与陈三定、徐昌洪合作,《中国聋儿康复》一九九五年第一期)。因语言康复工作,认识了中国聋儿康复研究中心的高成华、孙喜斌教授和万选蓉老师,结识了北京同仁医院临床听力学专家张华大夫,还有吉林、天津、南京、上海等地的聋儿康复专家。这段经历成为我人生难忘的篇章。

二〇〇〇年我调入教育部、国家语委,之后又到北京语言大学工作。岗位变更使我脱离了语言康复的实践,但也有机会以更宽广的视野关注语言病理学事业。比如,在李卫红主任和程凯副理事长的关心下,二〇一一年国家语委与中残联共同立项,支持顾定倩教授的团队进行"国家通用手语标准"研究,支持钟经华教授的团队进行"国家通用盲文标准"研究。二〇一六年,北京语言大学成立语言康复学院,建立了从本科到博士研究生的语言病理学教育体系,牵头制定了国内第一份《中国失语症语言评估量表》。作为国家语委规范标准审定委员会成员,二〇一八年我参与了《国家通用手语常用词表》和《国家通用盲文方案》的审定工作;二〇二〇年参与了《〈中华人民共和国国歌〉国家通用手语方案》的审定工作,二〇二一年两会期间,通过屏幕看着聋人代表用手语"唱"国歌,真是心潮澎湃。二〇二一年,复旦大学龚群虎教授的国家社科基金重大项目"基于汉语和部分少数民族语言的手语语料库建设研究"结项,我主持了验收评审会,获益良多。这个项目的研制者中,就有郑璇教授。

郑璇是我熟悉但至今尚未线下晤面的学者。她是江城武汉的姑娘,幼年失聪,经家庭语言康复进入普通学校随班就读,是"聋健合一"模式培养出来的优秀学生,从小到大,一身光环。她在武汉大学获得文学学士和硕士学位,又考入复旦大学师从龚群虎教授攻读博士学位,是我国首获语言学博士学位的听障人。她曾赴美担任一所特殊教育学校孔子课堂的教师,出访过挪威和日本。她喜爱阅读,喜爱创作,喜爱舞蹈,跳《千手观音》,跳《踏歌》,跳《孔雀飞来》。她能够熟练使用汉语、英语、中国手语和美国手语,在聋人和健听两个群体、中国和外国多边学界无碍交流。她创立了"汉语——手语——沟通技能"的聋教育三位课程体系,主编的《手语基础教程》广被业界选用,加印达八次之多,创手语教材国内销量记录。她热心聋人公益事业，国内听障人士的社会活动，几乎都可发现她的身影。

近些年，我一直思考如何让特殊人群分享社会信息。社会发展日新月异，特殊人群若不了解社会发展的新信息，就将加深本有的社会鸿沟，使特殊人群更加边缘化。比如，有更多的电视台开办手语节目，有更多的电视节目配手语同译，博物馆、博览会增加手语解说，特别是当灾难、疫情发生时，信息获取的弱势人群更需要得到应急服务。在筹建国家应急语言服务团的过程中，郑璇当然是牵头组织手语应急的最佳人选，我们的线上交往逐渐频繁起来。好像我们并没有线下见过面，但却早已熟识。

有一天，接到她发来的《中华手语大系》(视听版)，并问我能否为大系做序。我打开文件包，真是惊喜交加。大系分三册：《手语说汉字》《手语读〈论语〉》《手语诵唐诗》。第一册《手语说汉字》，有数字、自然、生物、身体、人伦、器物、性状、动作等八篇，每篇选讲若干汉字，共计七十六字。这些字，都在甲骨文中已经出现，今日仍在常用，且构词能力较强，是基本字。讲字，先结合甲骨文字形讲字理，再解说字形演变明字义，配上手语打法教手语技能，最后再把相关词语强化出来起巩固作用。是讲字，也是在讲语言、讲文化、教手语，一举多得，引人入胜。

第二册《手语读〈论语〉》，十篇九十七句，皆《论语》经典名句。每句配上国家通用手语的翻译视频，正面、半侧面交替播放，以便学习。字幕中有现代汉语翻译，同时列出中国手语的书面转写，便于同时学习汉语与手语。

第三册《手语诵唐诗》，十六篇五十五首，皆是脍炙人口、贴近生活的名篇，且易于用手语展示。每首诗先呈现原文，然后"以诗译诗"，翻译为现代汉语，以手语诵读，读者可从中感受到诗律之美、诗意之妙和手语的韵律、节奏。诗歌翻译不易，某种意义而言，诗歌是不可翻译的。编者直译、意译有机结合，尽量保持原貌，又适当做些发挥。每首唐诗的现代翻译和手语诵读，都可以视为再创作。部分唐诗，作者利用手语的韵律、韵脚、停顿等做成"手语诗歌"，这种独具风味的手语诗歌与常规诵读并置，更多了几分情致。

听着书中的标准配音，品味着精美的摄影与绘画，咀嚼着汉字、唐诗、

《论语》名句，欣赏着手语模特的奇妙手势，实在是审美珍馐。手语如此奇妙，懂点手语该有多好。郑璇有个"新时代，新手语"愿景，希望手语成为健听人和聋人彼此沟通连接的纽带，甚至成为健听人爱学、常用的语言。此时的我有些理解她了。据说有些国家基础教育阶段开设手语课程，学生不仅可以了解一种新奇的符号系统，还能更好了解听障群体。

这套大系由听障人士与健听人士合力完成，十分切合平等赋权的现代残障意识。主要制作者和作品呈现者都是听障人士。大系的另一位主编是邰丽华女士，她是中国残疾人艺术团团长，《千手观音》的领舞，精缩舞剧《化蝶》的主演。手语模特都是具有丰富舞台经验的听障艺术家，插图绘制都是听障画家、听障摄影师，朗读配音都是达到普通话一级甲等的听障口语者，手语打法研讨人员多为经验丰富的听障教师，视频的拍摄和剪辑亦均由听障者创业团队完成。这些听障人士为何能够如此成功？他们不仅是中华文明的享有者，还是中华文明的贡献者。我觉得，也正是他们接受了良好的教育，有条件享有中华文明，而后方能成为文明的创造者。"共享文明、共创文明"是个理想，人类社会距此理想还有不小距离。

今日立冬，北京迎来辛丑年第一场大雪，银装素裹的雪天里，更利于冷静思考。《中华手语大系》（视听版）更深层的意义，是把文化注入手语中，可使中国手语具有更强的文化表现力；是向听障人群传播中华优秀文化，让其共享主流文明，继而可望与主流社会一起创造文明。对待残障人群，不能仅仅是不歧视，仅仅是得到社会的照顾救济，更要尊重他们，创造各种条件充分激发其潜能，使之成为社会的建设者，甚至能够像《中华手语大系》（视听版）的编创团队一样，成为文明的创造者。

如何对待残障人群，是衡量社会文明程度的标尺。残障人群对社会生活的感受和为社会做出的贡献，更是衡量社会文明程度的标尺。

李宇明
二〇二一年十一月七日
农历辛丑年立冬之日
序于北京惧闲聊斋

出 版 说 明

《中华手语大系》(视听版)第一辑共三册,分别为《手语说汉字》《手语读〈论语〉》《手语诵唐诗》,各册按主题分类排列,并附有二维码。每个汉字、每个句子、每首唐诗均附有对应的视频,读者可以直接扫码进入视频版块自行观看。

《手语说汉字》

本分册共分八篇,累计收录七十六个汉字。选字原则有三:在甲骨文中已出现;现代生活中常用;能产性高,既能单用也能联合构词。选字过程参考了《通用规范汉字字表》和最新全日制普校和聋校语文教材识字表,对汉字的解读参考了《说文解字》《汉典》《汉字全息资源应用系统》,并经刘钊、肖圣中等古文字专家审阅雅正。

对每一汉字,首先列出甲骨文字形作今昔对比;然后进行通俗、生动的溯源解说;继而延伸到国家通用手语词典中与该字相关的词语,进行专题讲解和教学,力图引导读者举一反三地进行思考,在对汉字增进了解的同时也学习手语技能;最后通过词语复习环节进行巩固强化。

《手语读〈论语〉》

本分册共分十篇,累计收录《论语》中大众耳熟能详、琅琅上口的经典名句九十七句,其中不少句子在普校、聋校语文教材中均有出现。

《论语》语言精炼而用意深远,其中不少句子至今学界尚存争议。本分册依据学术界通行观点和现行语文教材,参考钱穆、杨伯峻、杨逢彬等名家解读用现代汉语进行翻译和注释,尽量避免对汉语文本作过多的生发,力求还原作者本意,为后人留下想象空间。每句均配有国家通用手语翻译视频,正面、半侧面分别播放一次,便于读者自学。为使读者更好地对比汉语和中国手语的语法差异，在视频字幕中将现代汉语译文和中国手语书面转写分别列出，读者可根据实际需要选择观看。

《手语诵唐诗》

本分册共分十六篇，题材涵盖广泛，根据由近及远、由小及大、由自然及社会的原则编排，累计收录既脍炙人口又贴近生活、易于用手语展示的唐诗五十五首。每首诗首先呈现全文，然后根据"以诗译诗"的原则用现代汉语进行翻译，以中国手语进行诵读，力求让读者感受到中国手语及古今汉语的格调、韵律、节奏之美，体验到不同语言外在形式的差异和内在意蕴的统一。

在此需要说明，诗歌翻译本身是一项难度极大、极富挑战性的工作，有学者认为"诗者，翻译所失也"，即诗歌具有某种程度的不可译性。本分册立足每首唐诗的实际，采取直译和意译有机结合的方式，力求既还原文本、呈现古意，又适当发挥、合理留白。对于部分唐诗，我们还尝试创作了利用手语本身的手形、方向、位置等要素形成特定韵律、营造特别效果的"手语诗歌版"，和"常规诵读版"并列。每首唐诗的现代汉语译文和手语诵读，从本质上属于"再创作"，同原诗表达的内容和意境必然具有差异，本书的解读仅为一家之言，供读者学习参考。

每首唐诗的手语诵读均配有真人示范视频，正面、半侧面分别播放一次，便于读者自学。为使读者更好地对比汉语和中国手语的语法差异，在视频字幕中将诗歌原句和中国手语书面转写分别列出，读者可根据实际需要选择观看。

手语转写体例

本丛书的视听手语转写体例采用龚群虎、杨军辉于二〇〇三年开发的《中国手语转写方案》中的宽式转写法。具体原则为：词界以"/"区隔；手势的重复记为"++"，重复两次以上记为"+++"；手势的保持或拖长记为"---"，如过长则记为"----"；如有方向、类标记、表情体态等细节需要说明，以括号进行标记。

配音

　　本丛书为汉字、论语名句和唐诗配备了口语朗诵，便于听力健全人和佩戴听力辅助设备的听障者收听和学习。所有配音工作均由普通话水平出色的口语听障者独立完成。

插图

　　本丛书的每一分册均配有精美的摄影作品或绘画作品作为插图。所有插图均由听障画家和听障摄影师独立原创。

手语模特

　　本丛书的配套视频和摄影作品中出镜的手语模特全部为听障者。

目录

微信扫一扫
观看《手语读〈论语〉》视频

序	1
出版说明	1
为学篇	1
为师篇	15
孝亲篇	25
交友篇	33
处世篇	49
为政篇	71
立志篇	83
礼仪篇	97
仁德篇	103
君子篇	125
后记	141
参考文献	145

为学篇

　　孔子的一生孜孜不倦、好学奋进,他认为"学"是实现爱人之"仁"和仁德之"礼"的重要途径,所谓"博学于文""学以成人",正是此意。

　　怎样才能做到"学"呢?首先是以学习为乐趣,知之、好之、乐之;其次要有好的学习方法,"学而时习之",学和思相结合;最后要有好的学习品质,"敏而好学,不耻下问","三人行必有我师",好学善问,择善而从。只有这样努力读书、修身、实践,才能够自我完善,从而成为有品格、有能力的君子。

1. 学而时习之,不亦说乎?

《论语·学而》

译文

学习了,然后按时去演习(实习),不也很愉快吗?

注释

习:演习、实习。

亦:也。

说:音yuè,同"悦",愉快、高兴。

2. 敏而好学，不耻下问。

《论语·公冶长》

译文

聪敏勤勉又喜欢学习，不以向地位卑下的人请教为耻。

注释

敏：敏捷、勤勉。
好：音 hào，喜爱。
耻：意动用法，以……为耻。

三人行,必有我师焉。

3. 三人行,必有我师焉。择其善者而从之,其不善者而改之。

《论语·述而》

译文

几个人同行,其中必定有可以做我老师的人。我选择他的优点去学习,他的缺点(如果我有)就去改正它。

注释

三:不是确指,指几个。
焉:句末语气词,可不译。

4. 学而不思则罔,思而不学则殆。

《论语·为政》

译文

只学习不思考就会迷惘;只思考不学习就会疑惑。

注释

罔:迷惑、糊涂。
殆:疑惑。

5. 知之者不如好之者；好之者不如乐之者。

《论语·雍也》

译文

懂得学习的人比不上喜爱学习的人，喜爱学习的人比不上以学习为乐的人。

注释

不如：比不上。
好：音hào，喜爱。
乐：意动用法，以……为乐。

知之为知之,不知为不知,是知也。

6. 知之为知之，不知为不知，是知*也。

《论语·为政》

译文

知道的就是知道，不知道就是不知道，这就是智慧啊。

注释

知：知道、了解。
知*：音 zhì，同"智"，智慧。

7. 我非生而知之者，好古，敏以求之者也。

《论语·述而》

译文

我并不是生下来就有知识的人，而是喜好古代文化，勤奋敏捷去求取知识的人。

注释

好：音 hào，喜爱。
古：这里指古代文化。
敏：敏捷、勤勉。

8. 吾尝终日不食，终夜不寝，以思，无益，不如学也。

《论语·卫灵公》

译文

我曾经整天不吃、整夜不睡地去思索，（这样做）并没有益处，不如去学习。

注释

尝：曾经。

朝闻道，夕死可矣。

9. 朝闻道，夕死可矣。

《论语·里仁》

译文

早晨得知了真理，(就算当天)晚上死去也心甘。

注释

道：道理、真理。

为师篇

　　《论语》以形象隽永的语言记载了孔子的言行举止和教育情景,展现了孔子作为学者、智者、师者的文化巨人形象,以及博大的仁爱精神和儒雅的君子风度。他博学多才、乐学善思,学而不厌、诲人不倦,有教无类、因材施教,成为弟子爱戴、后世景仰的"万世师表"。

　　孔子对学生的教育不仅是知识层面的教授讲习,更重要的是修养方面的言传身教,如不愤不启、不悱不发、举一反三,强调依据不同的学情进行启发式的教学等,这些闪耀着智慧的方法对于今天的我们依然有着深远的影响。

1. 温故而知新，可以为师矣。

《论语·为政》

译文

  在温习旧知识时，能有新体会、新发现，就可以当老师了。

注释

  温：温习、复习。
  故：旧知。
  新：新知。
  为：成为，做。

2. 默而识之，学而不厌，诲人不倦。

《论语·述而》

译文

默默地记住所学的知识，学习不觉得满足，教人不知道疲倦。

注释

识：音 zhì，记住。
厌：满足。
诲：教导。

朽木不可雕也。

3. 宰予昼寝，子曰："朽木不可雕也，粪土之墙不可杇也；于予与何诛？"

《论语·公冶长》

译文

宰予白天睡觉，孔子说："腐朽的木头无法雕刻，粪土似的墙壁无法粉刷。对于宰予这个人，责备还有什么用呢？"

注释

宰予：人名，孔子的学生。
子：古时对人的尊称，这里指"孔子"。
曰：音yuē，说。
诛：（用言语）责备。

4. 不愤不启,不悱不发。举一隅不以三隅反,则不复也。

《论语·述而》

译文

不到他冥思苦想仍不得其解时,不去开导他。不到他想说却说不出来时,不去启发他。给他指出一个方向,如果他不能由此推知其他三个方向,就不要再教他了。

注释

愤:苦思冥想仍想不明白。
悱:音 fěi,想说而又说不出来。
隅:音 yú,一角,一方面。

5. 夫子循循然善诱人。

《论语·子罕》

夫子（孔子）善于一步步地引导学生。

循循然：有步骤的样子。
诱：引导。

文，行，忠，信。

6. 子以四教：文，行，忠，信。

《论语·述而》

译文

孔子用四种内容教育学生：文献知识，行为实践，忠诚，守信。

注释

子：古时对人的尊称，这里指"孔子"。
文：指历代文献知识。

7. 子曰:"有教无类。"

《论语·卫灵公》

译文

孔子说:"人人我都教育,没有高低贵贱的等级差别。"

注释

子:古时对人的尊称,这里指"孔子"。

孝亲篇

"孝"是中华民族的传统核心美德。孔子认为,"孝"是一切道德规范的根本,如果做不到对父母尽孝,其他的优良品质也无从谈起。

孝敬父母应该如何做呢?首先是态度要恭顺,常常记挂他们,不让他们为自己担忧。"父母在,不远游,游必有方。"即使他们犯了错,也要委婉劝说,不可记恨。其次,这种行为准则要推己及人,"入则孝,出则悌"。儒家讲孝,从来不是狭隘的小家之爱,这种情感会一步步由内向外拓展,最终生发为爱天下所有的人。

1. 孝弟也者,其为仁之本与。

《论语·学而》

译文

孝顺父母、顺从兄长,这就是仁的根本啊!

注释

孝:孝,报答父母的养育之恩。
弟:音tì,同"悌",敬爱兄长。
本:根本。
与:音yú,同"欤",表疑问的语气词。

2. 弟子,入则孝,出则悌。

《论语·学而》

译文

年轻人在父母跟前,就孝顺父母;出门在外,就顺从师长。

注释

弟子:年纪较小的人(年轻人)。
入:这里指在家。
出:这里指离家外出。
悌:音tì,指要用悌道对待师长,听从老师或比自己年长的人的教导。

3. 事父母,能竭其力。

《论语·学而》

译文

　　侍奉父母,能够竭尽全力。

注释

　　事:侍奉,照顾。
　　竭:竭尽,用尽。

4. 事父母几谏，见志不从，又敬不违，劳而不怨。

《论语·里仁》

译文

　　侍奉父母，对于他们不对的地方要委婉地劝说。劝说不听，仍然要对他们恭敬不触犯他们，替他们操劳而不怨恨。

注释

几：轻微、委婉。
谏：劝说。
志：意愿。

父母在,不远游,游必有方。

5. 父母在,不远游,游必有方。

《论语·里仁》

译文

父母在世,不出远门,(如果)要出远门,必须要有一定的去处。

注释

游: 外出活动。
方: 一定的去处、一定的地方。

6. 父母之年,不可不知也。一则以喜,一则以惧。

《论语·里仁》

译文

　　父母的年纪,不可不记在心里。一方面为他们的长寿而高兴,一方面又为他们的衰老而恐惧。

注释

　　年：年龄、年纪。
　　不可不：(双重否定句式,表达肯定强调)必须。

交友篇

　　益友如良师。结交益友,是人生的幸事和乐事。《论语》开篇即言:"有朋自远方来,不亦乐乎?"将志同道合之人自远方来作为人生的快乐之一。

　　"君子以文会友,以友辅仁。"《论语》中的交友原则主要有以下几个方面:一是重"信","与朋友交,言而有信";二是"知人","视其所以,观其所由,察其所安","知者不失人,亦不失言";三是希望朋友拥有推己及人、换位思考的胸怀,"己所不欲,勿施于人","与朋友共,蔽之而无憾"。

1. 有朋自远方来,不亦乐乎?

《论语·学而》

译文

有志同道合的朋友从远方来,不也是快乐的事情吗?

注释

朋:志同道合的朋友。
亦:也。

2. 可与言而不与言，失人；不可与言而与之言，失言。知者不失人，亦不失言。

《论语·卫灵公》

译文

可以和他谈却不和他谈，这就是错过人才；不可以和他谈却和他谈，这是浪费言语。有智慧的人既不错过人才，也不浪费言语。

注释

知：音zhì，同"智"，智慧，知者指智慧的人。
亦：也。

与朋友交，言而有信。

3. 与朋友交，言而有信。

《论语·学而》

译文

与朋友交往时，说话要诚信。

注释

交：交往。
信：诚信。

不患人之不己知，患不知人也。

4. 不患人之不己知，患不知人也。

《论语·学而》

不忧虑别人不了解自己，只忧虑自己不了解别人。

患：忧虑、担心。
不己知：否定句中的宾语前置，不知己。

5. 视其所以，观其所由，察其所安。

《论语·为政》

译文

（想要了解一个人，就）看他言行的动机，观察他所用的方法，考察他做事的心境。

注释

所以：（做事的）动机。
所由：（做事的）方法。
所安：（做事的）心境、心态。

6. 友直、友谅、友多闻,益矣。

《论语·季氏》

译文

与正直的人交朋友,与诚信的人交朋友,与知识广博的人交朋友,是有益的。

注释

谅:信实,诚实。
多闻:博学多闻,见识广博。

以文会友，以友辅仁。

7. 君子以文会友，以友辅仁。

《论语·颜渊》

译文

君子用文章学问来结交朋友，凭借朋友辅助自己培养仁德。

注释

君子：有德行的人。
辅：辅助。
仁：仁德，高尚的道德。

吾日三省吾身。

8. 吾日三省吾身:为人谋而不忠乎?
与朋友交而不信乎?传不习乎?

《论语·学而》

译文

我每天多次反省自己:为别人办事是不是尽心竭力了呢?同朋友交往是不是诚实可信了呢?老师传授给我的学业是不是复习了呢?

注释

吾:我。
三:表示多次,不必认定为三次。
省:音 xǐng,自我检查、反省。
传:老师传授的知识。
习:指温习、实习等。

道不同,不相为谋。

9. 道不同,不相为谋。

《论语·卫灵公》

译文

主张不同,不必互相商议。

注释

道:思想、主张。
谋:商议、谋划。

10. 己所不欲，勿施于人。

《论语·颜渊》

译文

　　自己不想要的，就不要强加给别人。

注释

　　欲：想要。
　　勿：不要。
　　施：施加、给。

处世篇

　　人生于世,如何待人接物、应付世情,如何修身自处、与人交往,是每个人都要终身学习的大学问。《论语》中这些朴素至诚的处世智慧,正是孔子和儒家思想在修身笃学中的集中体现,具有极高的普世价值和借鉴意义。

　　处世之道可从以下三个方面来认识:首先是以信立人、忠信至上的修身思想,其次是以德服人、勇于改过的律己精神,最后是中正平和、以和为贵的行事准则。如此方能慎言慎行,立于社会。

1. 人而无信,不知其可也。

《论语·为政》

译文

作为一个人却不讲信用,真不知道那怎么可以。

注释

信:守信、讲信用。

2. 后生可畏,焉知来者之不如今也?

《论语·子罕》

译文

年轻人是值得敬畏的,怎么知道后来者不如现今的人呢?

注释

后生:指年轻人。
焉:怎么,哪里。

言必信，行必果。

3. 言必信，行必果。

《论语·子路》

译文

说话一定要诚信，做事一定要果断。

注释

信：诚信。
果：坚定、果断。

4. 无欲速,无见小利。欲速,则不达;见小利,则大事不成。

《论语·子路》

译文

　　做事不要图快,不要只看见眼前的小利。如果只图快,结果反倒达不到目的;只图小利,就办不成大事。

注释

　　无:同"毋",不要。
　　欲:要,想要。

5. 富与贵,是人之所欲也;不以其道得之,不处也。贫与贱,是人之所恶也;不以其道得之,不去也。

《论语·里仁》

译文

富与贵,是人人都想要的,但如果不通过正当的途径得来,就不去接受它。贫与贱,是人人都厌恶的,但如果不通过正当的途径摆脱,就不去摆脱它。

注释

欲:要、想要。
道:指正当的方法、途径。

6. 名不正，则言不顺；言不顺，则事不成。

《论语·子路》

译文

　　名分不正当，说起话来就不顺当合理；说话不顺当合理，事情就办不成。

注释

　　名：名分，名义。
　　则：就。

7. 过犹不及。

《论语·先进》

做得过头,像达不到一样,两者都是不合适的。

过:过分,过头。
犹:像……一样。
不及:达不到。

三思而后行。

8. 三思而后行。

《论语·公冶长》

（每件事都要）考虑多次再行动。

三：多次（不是确指三次）。

9. 鸟之将死,其鸣也哀;人之将死,其言也善。

《论语·泰伯》

译文

　　鸟快要死的时候,鸣叫的声音是悲哀的;人快要死的时候,说出来的话是善意的。

注释

　　之:助词,不译。
　　其:代词,指代前面提到的"鸟"。

10. 始吾于人也，听其言而信其行；今吾于人也，听其言而观其行。

《论语·公冶长》

译文

当初我对于别人，听了他的话就相信了他的行为；现在我对于别人，听到他的话还要观察他的行为。

注释

其：代词，指代前面提到的"人"。

11. 既来之，则安之。

《论语·季氏》

译文

既然把他们招抚来，就要把他们安顿下来。

注释

之：代词，这里指代他们招抚来的"人"。
则：就。

12. 过，则勿惮改。

《论语·学而》

译文

有了过错，就不要怕改正。

注释

过：过错、过失。
勿：不要。
惮：音 dàn，害怕、畏惧。

工欲善其事,必先利其器。

13. 工欲善其事，必先利其器。

《论语·卫灵公》

工匠要搞好他的工作，一定要先完善他的工具。

欲：要，想要。
器：工具、器具。

性相近也，习相远也。

14. 性相近也,习相远也。

《论语·阳货》

译文

人们的本性是相近的,但后天的习染让每个人变得相距甚远。

注释

性:本性,天性。
习:习染,在环境中养成的习性、习惯。

15. 不迁怒,不贰过。

《论语·雍也》

译文

不把自己的怒气发泄到别人身上,不再次犯相同的错误。

注释

贰:重复,再次。

16. 过而不改，是谓过矣。

《论语·卫灵公》

译文

有了过错而不改正，这才是真的过错。

注释

过：过错。
是：这。
谓：称为。

为政篇

　　"政者正也""为政以德"的思想是孔子治国理政的根本原则,也是"仁"在政治领域的集中体现,后为孟子继承并发展为"仁政"思想。

　　荐举贤才、选贤用能,"举直错诸枉",是德治思想的重要组成部分;以民为本、取信于民,"足食,足兵,民信之矣",获得百姓的信任是政权稳固的重要基础;有了百姓的信任,加上"务民之义,敬鬼神而远之"的"知",就可"富之,教之",使"近者说,远者来"。

政者，正也。

1. 政者,正也。子帅以正,孰敢不正?

《论语·颜渊》

政,就是端正。你带头端正自己,谁敢不端正呢?

帅:带头,带领。
孰:谁。

2. 举直错诸枉，则民服；举枉错诸直，则民不服。

《论语·为政》

译文

选拔正直的人，把他们放置在那些不正直的人之上，人民就信服你。选用不正直的人，把他们放置在正直的人之上，人民就不会信服你。

注释

举：选拔。
直：正直，此处指正直的人。
错：同"措"，放置。
诸：那些。
枉：弯曲，不直，这里指不正直的人。

3. 足食，足兵，民信之矣。

《论语·颜渊》

译文

充足粮食，充足军备，人民就信任国家了。

注释

兵：兵器、军备。

4. 近者说,远者来。

《论语·子路》

译文

境内的人使他高兴,境外的人使他来归附。

注释

说:音 yuè,同"悦",愉快、高兴。

5. 其身正，不令而行；其身不正，虽令不从。

《论语·子路》

译文

统治者自身端正了，即使不发布命令，事情也能办成；自身不端正，即使发布了命令，老百姓也不会服从。

注释

令：发布命令。
虽：即使。

不在其位,不谋其政。

6. 不在其位，不谋其政。

《论语·泰伯》

译文

不在那个职位上，就不考虑那个职位上的事。

注释

其：那个。
政：政事，与职务相关的事情。

7. 为政以德,譬如北辰居其所而众星共之。

《论语·为政》

译文

  以道德教化来治理政事,就会像北极星那样,自己居于一定的方位,而群星都会环绕在它的周围。

注释

  以:用。
  北辰:北极星。
  所:处所,位置。
  共:音 gǒng,同拱,环绕的意思。

8. 子适卫，冉有仆。子曰："庶矣哉！"冉有曰："既庶矣，又何加焉？"曰："富之。"曰："既富矣，又何加焉？"曰："教之。"

《论语·子路》

译文

孔子到卫国，冉有给他驾车。孔子说："好多人啊！"冉有问："人多该怎么办呢？"孔子说："让他们富裕起来。"冉有又问："富裕了又该怎么办呢？"孔子说："教育他们。"

注释

适：到，往。
仆：驾车。
庶：众多。

立志篇

　　立志是人生奋进之始，只有坚定了志向，才能找到人生奋进的目标和方向。"三军可夺帅也，匹夫不可夺志也。""士不可以不弘毅，任重而道远。"强调立志在人生中的重大作用。内察己心，外观世界，立志使我们树立远大目标，坚定理想抱负，最终找到自己的人生方向。

　　孔子多次感慨时光易逝，也时常令弟子"各言尔志"，希望能在有限的生命时光中，像岁寒而不凋的松柏一样，志于学，志于道，志于仁。

1. 吾十有五而志于学。

《论语·为政》

译文

  我十五岁立志于学习。

注释

  吾：我。
  有：同"又"。

2. 三军可夺帅也,匹夫不可夺志也。

《论语·子罕》

译文

一个国家的军队可以被夺去主帅,一个普通老百姓却不能被强迫改变自己的想法。

注释

三军:军队。
匹夫:普通百姓。

人无远虑，必有近忧。

3. 人无远虑，必有近忧。

《论语·卫灵公》

译文

一个人没有长远的考虑，就一定会有眼前的忧患。

注释

虑：考虑。
必：一定。

4. 饱食终日，无所用心，难矣哉！

《论语·阳货》

译文

整天吃得饱饱的，什么心思也不用，这就难办了呀！

注释

矣哉： 语气词，相当于"啊""呀"。

5. 往者不可谏，来者犹可追。

《论语·微子》

译文

过去的事情已经无法挽回，未来的岁月还可以迎头赶上。

注释

谏：规劝，挽救。
犹：还。

士不可以不弘毅，任重而道远。

6. 士不可以不弘毅,任重而道远。

《论语·泰伯》

译文

读书人不可不刚强而有毅力,因为他责任重大又路途遥远。

注释

士:指读书人。

岁寒，然后知松柏之后凋也。

7. 岁寒，然后知松柏之后凋也。

《论语·子罕》

译文

到了寒冷的时节，才知道松柏是最后落叶的。

注释

岁：时节。
凋：凋谢、凋落。

8. 子在川上曰:"逝者如斯夫!不舍昼夜。"

《论语·子罕》

译文

  孔子在河边叹道:"流逝的时光像这河水一样啊,日夜不停地流去。"

注释

  川:河流。
  斯:这,这样。

9. 日月逝矣，岁不我与。

《论语·阳货》

译文

时光流逝，岁月不等待我啊。

注释

逝：流逝。
与：等候，等待。

礼仪篇

　　以仁为体、以礼为用、依礼而行方能进退有度,立足社会。"礼之用,和为贵",礼的作用主要体现在三个方面:一是通过规范行为使自我和谐,二是通过遵循礼仪使人际和谐,三是通过制度建设使社会和谐。

　　在个人方面,孔子提倡"克己复礼",约束不合礼义的行为,使内心不断趋向于"仁"的境界;在政治方面,主张"仁政德治",希望君主自身要遵守礼制,更多用仁政、礼法而不是刑罚来统御臣民,使臣民能够真心归顺。

1. 不知礼,无以立也。

《论语·尧曰》

译文

不懂礼义,就不能立足于社会。

注释

立:此处指立足于社会,在社会生活中被认可。

2. 礼之用，和为贵。

《论语·学而》

译文

礼的用途，以和谐为贵。

注释

和：和谐、协调。
贵：意动用法，以……为宝贵。

3. 非礼勿视，非礼勿听，非礼勿言，非礼勿动。

《论语·颜渊》

译文

不合于礼的不要看，不合于礼的不要听，不合于礼的不要说，不合于礼的不要做。

注释

勿：不要。

4. 人而不仁，如礼何？

《论语·八佾》

译文

一个人没有仁德，他怎么对待礼仪制度呢？

注释

仁：仁德。

如……何：把……怎么样，怎么对待。

5. 君使臣以礼，臣事君以忠。

《论语·八佾》

译文

君主应该按照礼来任用臣子，臣子应该以忠心来服侍君主。

注释

以：按照、用。
事：侍奉、服务。

仁德篇

　　"仁"是孔子思想体系的核心,也是孔子关于道德修养与施政治国的根本思想。"仁者,爱之礼,心之德也。"(朱熹)狭义的仁可以说是爱人之心,与人相处要以礼待人;广义的仁则包括恭、宽、信、敏、惠等具体德行。向仁德之人学习,努力提高自身修养,摒弃于仁德修行有碍的不良习性,"无求生以害仁",将对自我的内在约束和对外在的规范礼制相结合,"克己复礼",便可实现"天下归仁"的目标。

见贤思齐焉,见不贤而内自省也。

1. 见贤思齐焉,见不贤而内自省也。

《论语·里仁》

译文

见到贤人,就应该向他学习、看齐,见到不贤的人,就应该自我反省(自己有没有与他相类似的错误)。

注释

齐:看齐、向……学习。
自省:自我反省。

2. 不患人之不己知,患其不能也。

《论语·宪问》

译文

不担心别人不知道自己,只担心自己没有能力。

注释

患:担心、忧虑。
其:这里指自己。

3. 敏于事而慎于言,就有道而正焉。

《论语·学而》

译文

做事勤劳敏捷,而说话小心谨慎,接近有道德的人去匡正自己。

注释

就:靠近、接近。
有道:指有道德的人。
正:匡正、端正。

4. 奢则不孙，俭则固。与其不孙也，宁固。

《论语·述而》

译文

　　奢侈了就显得不恭顺，太节俭了就显得简陋。与其不恭顺，宁可简陋。

注释

　　孙：同"逊"，谦逊、恭顺。
　　固：固陋、简陋。

5. 德不孤，必有邻。

《论语·里仁》

译文

有道德的人不会孤独，一定会有志同道合的伙伴。

注释

邻：同道、伙伴。

6. 以直报怨,以德报德。

《论语·宪问》

译文

用公道来对待怨恨,用恩德来报答恩德。

注释

以:用。

直:公道、正义。

7. 道听而途说,德之弃也。

《论语·阳货》

译文

在路上听到传言就到处传播,这是为有道德者所抛弃的。

不怨天，不尤人。

8. 不怨天，不尤人。

《论语·宪问》

译文

不怨恨上天，不责怪他人。

注释

尤：责怪。

9. 己欲立而立人，己欲达而达人。

《论语·雍也》

译文

自己要立足，也要让别人立足；自己要通达，也要让别人通达。

注释

欲：要、想要。

达：通达。

10. 克己复礼为仁。

《论语·颜渊》

译文

克制自己,使言语行动合乎礼,就是仁。

注释

克:克制。
仁:仁德。

巧言令色，鲜矣仁！

11. 巧言令色，鲜矣仁！

《论语·学而》

译文

花言巧语，装出和颜悦色的样子，这种人的"仁德"就很少了。

注释

令：美好。但句中"令色"应释为装出和颜悦色的样子。
鲜：少。

知者乐水，仁者乐山。

12. 知者乐水，仁者乐山。

《论语·雍也》

译文

聪明的人喜爱水，仁义的人喜爱山。

注释

知：音 zhì，同智，智慧。

13. 志士仁人，无求生以害仁，有杀身以成仁。

《论语·卫灵公》

译文

志士仁人，不会贪生怕死而损害仁德，只会牺牲自己的生命成全仁德。

注释

仁：仁德。

无：同"毋"，不要。

14. 知者不惑，仁者不忧，勇者不惧。

《论语·子罕》

译文

聪明的人不疑惑，仁德的人不忧愁，勇敢的人不畏惧。

注释

知：音 zhì，同智，智慧。

不义而富且贵，于我如浮云。

15. 不义而富且贵,于我如浮云。

《论语·述而》

译文

用不正当的手段获得的荣华富贵,对我来说如浮云一样。

注释

不义:不合道义,指手段不正当。
富:财富。
贵:地位、权力。

君子篇

　　君子是具有理想主义的人格标准和仁德典范，体现了儒家文化中对于高尚人格的终身追求，是一种生命的可塑性与规范性的最佳形态。他博学多识，文质彬彬，好学笃行，进德修业；他孝悌和乐，恭让忠信，慎独自律，重义轻利；他安贫乐道，善于内省，随遇而安，不忧不惧。君子担负着治国安邦之重任，对内可以妥善处理各种政务，对外能够应对四方，不辱君命。君子务本，努力提升自我修养、成为君子的过程，就是个体精神发展和回归民族心灵的教化实践。

文质彬彬，然后君子。

1. 文质彬彬，然后君子。

《论语·雍也》

译文

文采和质朴配合恰当，这样才是个君子。

注释

文：文采。
质：质朴、朴实。
彬彬：配合恰当。
君子：有德行的人。

2. 君子欲讷于言而敏于行。

《论语·里仁》

译文

君子说话要谨慎，而工作要敏捷。

注释

讷：迟钝。这里指说话要谨慎。
敏：敏捷、快速的意思。

3. 君子病无能焉，不病人之不己知也。

《论语·卫灵公》

译文

君子担心自己没有才能，不担心别人不知道自己。

注释

病：意动用法，以……为忧虑。

君子耻其言而过其行。

4. 君子耻其言而过其行。

《论语·宪问》

译文

君子以说得多、做得少为耻辱。

注释

耻：意动用法，以……为耻。

5. 君子求诸己,小人求诸人。

《论语·卫灵公》

译文

君子要求自己,小人苛求别人。

注释

小人:无德无能的人。

6. 君子和而不同，小人同而不和。

《论语·子路》

译文

君子讲求恰到好处而不盲从附和，小人盲从附和而争利不和。

注释

和：用正确的意见纠正错误的意见，让一切恰到好处。
同：无原则地附和。

君子喻于义,小人喻于利。

7. 君子喻于义，小人喻于利。

《论语·里仁》

译文

君子明白大义，小人只知道小利。

注释

喻：明白，懂得。

8. 君子坦荡荡，小人长戚戚。

《论语·述而》

译文

君子心地平坦宽广，小人却经常忧愁不安。

注释

戚戚：忧愁的样子。

9. 君子泰而不骄，小人骄而不泰。

《论语·子路》

译文

君子安泰而不骄傲，小人骄傲而不安泰。

注释

泰：安泰，泰然自若。

10. 君子成人之美,不成人之恶。小人反是。

《论语·颜渊》

译文

君子成全别人的好事,不促成别人的坏事。小人却与此相反。

注释

成:使……成,成全,促成。

11. 君子之过也,如日月之食焉;过也,人皆见之;更也,人皆仰之。

《论语·子张》

译文

　　君子的过错,如同日食月食:他犯了过错,人们都看得见;他改正了错误,人们都仰望着他。

注释

　　过:过失、错误。
　　更:更改、改正。

12. 人不知，而不愠，不亦君子乎？

《论语·学而》

译文

人家不了解我，我也不生气恼怒，这不也是有德的君子吗？

注释

愠：音 yùn，生气、恼怒。

后记

也许前世我不是一只黄莺
所以此刻不能纵情歌唱
但我一定曾是一只蝴蝶
所以今生注定要尽情飞舞

星辰大海，征途可期

在《中华手语大系》（视听版）这套书付梓之际，我想讲一个故事。

有一个小女孩，在两岁的时候就失去了听力，即使戴上最大功率的助听器，也只能听到微弱的声音。在寂静的世界里，她时刻怀着诚惶诚恐的心态警惕地用眼睛观察外界。生活中，大家都觉得她过于沉默，也很少有孩子愿意同她做朋友。

值得庆幸的是，听和说的言语链的断裂，并不能阻止她去寻找其他出口。写作和舞蹈为她插上了放飞自我的两翼，她不再沉寂，她小小的情怀在另一个世界里喷薄而出。六岁时，她连蒙带猜读完了《西游记》；七岁时，她公开发表第一篇作文；九岁时，她模仿唐诗三百首写下"转瞬不知何处去，星河深处觅踪影"的咏萤诗句；十二岁时，她已经屡获各种作文比赛、语文知识竞赛的奖项；十五岁时，她把心里话写成长长的日记，每周交给最信赖的班主任老师；十八岁时，她考入武汉大学中文系，个人随笔集被"榕树下"网站在首页推介。同时，她还着了魔似的喜欢舞蹈。年幼时，她趴在少年宫的窗口，看粉色纱裙白色舞鞋的小伙伴们翩翩起舞，但严格的家教却让她始终没有加入她们的机会，第一次走入舞蹈教室已是考上大学之后。数年苦练，她先后加入湖北残疾人艺术团、上海残疾人艺术团，在舞台上跳《千手观音》，跳《踏歌》，跳《孔雀飞来》。到复旦大学读博之后，她以一己之力创立了研究生舞蹈队。工作之后，不论到哪里，她都是所在单位舞蹈队的中坚力量。

没错，这个故事的主人公就是我自己。从两岁时算起，迄今我已在无声世界里度过了三十八个年头。从前头的这个成长故事中，可以抓取出"阅读""写作""舞蹈""表达"等诸多关键词。而如今，我又有了新的关键词，那就是"手语"和"教育"。

小时候，我和千千万万个普校随班就读的听障孩子一样，因交流不

便而忍受孤独、被边缘化、甚至遭受歧视，所以我一度排斥自己的聋人身份；而现在，我早已学会悦纳自我，凭借良好的手、口双语能力在有声和无声两个世界里穿行自如，并最终成为一名特殊教育专业教师，去影响和带动更多的听障孩子及其家人。我的成长受益于教育，而如今又投身教育。沟通于我，曾经是魔咒，而当我终于冲破魔咒、走向语言的光明自由之境时，我期待：人们可以经由我做出的成绩，看到听障群体巨大的潜力；人们可以通过我发出的呼吁，了解到听障群体真实的诉求。我也相信，不仅我能做到，更多的听障孩子通过接受良好的教育其实同样能做到。他们所需要的或许只是一个机会、一方平台、一点支持。而我，愿意用我的行动去帮助他们达成自己的梦想。

近年来，现代科技飞速发展、造福特殊群体，越来越多的听障孩子戴上了助听器，植入了人工耳蜗，进入普通学校学习。从表面上看，手语的使用者少了，手语似乎走向"濒危"了。但只有从沟通障碍中走出来的人，才能深深地体会到，视觉语言才是听障者最易于习得、最适合习得、最有感情的沟通方式。国外有一位听障长者曾说："手语是上帝赋予聋人的最高贵的礼物。"这是何等尊贵的礼赞！一位朋友还告诉我曾从英文文献中读到这样的诗句："如果你砍断了我的双手，我就用双臂打手语；如果你砍断了我的双臂，我就用双肩打手语。"这又是何等地震撼！我想，口语和手语，并非你死我活、非此即彼的关系，即使对于能听会说的听障者，甚至听力健全人士而言，多学一门视觉语言，也并非坏处，相反会极大地便利其沟通、拓展其表达，打开一扇通向新世界的大门。

手语是否能表达任何抽象概念？这个有意思的话题正巧也是我当年的博士论文题目。从语言学的视角审视，我们认为，手语有着人类自然语言所具有的全部潜力。但一门语言的成长，离不开环境和文化的滋养。手语必须拥抱主流文化、必须走向千家万户，方能消弭"小众语言"和"弱势语言"的刻板印象，方能规避在医学主义残障观的冲击下逐渐走向濒危的风险。《中华手语大系》（视听版）的诞生，正是基于这份珍视手语、倡导手语的初心，我们的团队也深怀让手语走入普通大众、和主流文化相结合的宏大愿景。用手语解说汉字、翻译《论语》、

诵读唐诗，让手语映射中华传统文化之美，就是我们所做出的第一个尝试。

　　回到我前面所说的那几个关键词上。作为曾经的舞者的我，深知手语的美，唯有最专业的听障艺术家才能演绎得淋漓尽致。非常荣幸，我邀请到了中国残疾人艺术团团长邰丽华女士和我一起主编本书，她和艺术团的演员们在镜头前的魅力使我一次又一次回想起那个魂牵梦萦的舞台。深深感谢南京市聋人学校为本书提供技术和人员方面的支持，并将本书的成果和特殊教育一线教学紧密结合起来。同样感谢为本书的面世与推广付出贡献的所有团队成员、聋人朋友和专家顾问。我是一个鲜少开口向人求助的人，但在本书的编撰过程中，有无数的人主动为我提供了各种各样的帮助，这份感激无以言表，唯有深埋于心。此外，我还要感谢本书的编辑、复旦大学出版社的张雪莉老师，她同样钟情于传统文化，有着深厚的古文献和戏曲造诣，我们的合作是多年之后一场偶遇结下的缘分。

　　多年前，我曾经在随笔中写下这样的句子："也许前世我不是一只黄莺所以此刻不能纵情歌唱，但我一定曾是一只蝴蝶所以今生注定要尽情飞舞。"感谢命运，让我得以获得了语言表达的自由，尝到了新生的喜悦。我想，今后，我将继续在有声和无声世界之间"飞舞"，做语言的纽带，做文化的桥梁。

　　走过人生四十载，经由本书出版的契机，发现我的几个"关键词"竟然在这里找到了最好的结合点。回望身后，若干条道路从时光的迷雾中绵延而至，在我所站立的当下汇聚，而又坚定而从容地奔向远方。面前的路倏然变得宽阔！

　　一个全新的、属于中国的时代，已经徐徐拉开帷幕。

　　而我们壮美如星辰大海的新手语征程，也将启航。

郑璇

二〇二一年九月于北京师范大学

参考文献

《论语新解》，钱穆著，生活·读书·新知三联书店，2012年7月。
《论语新注新译》(简体版)，杨逢彬著，北京大学出版社，2018年10月。
《论语译注》(简体精装本)，杨伯峻译注，中华书局，2018年11月。

图书在版编目(CIP)数据

手语读《论语》/郑璇,邰丽华主编. —上海:复旦大学出版社,2022.1(2022.2重印)
(中华手语大系:视听版. 第一辑;2)
ISBN 978-7-309-15919-6

Ⅰ.①手⋯　Ⅱ.①郑⋯　Ⅲ.①手势语-中国　Ⅳ.①H126.3

中国版本图书馆 CIP 数据核字(2021)第 185705 号

中华手语大系

视听版

第一辑

郑璇 邰丽华 ——— 主编

第三册 手语诵唐诗

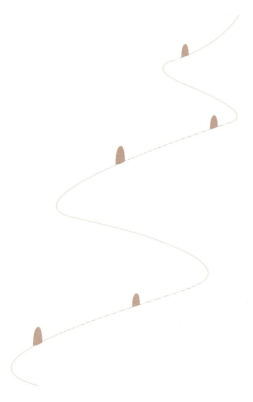

复旦大学出版社

主　　编：郑　璇　邰丽华
副 主 编：陈源清　陈练文

学术顾问：(按姓氏笔画排序)
　　　　　王立军　王学松　刘　钊　杨逢彬　肖圣中
　　　　　陆岩军　陈广宏　赵世举　傅爱兰

艺术顾问：岑爱斌

编 委 会：(按姓氏笔画排序)
　　　　　于晓岚　王　雁　田　野　付心知　朱菊玲
　　　　　刘可研　刘炳俊　刘　慧　吴　铃　张春东
　　　　　张树东　张晓华　张悦歆　陈　静　陈　燕
　　　　　祝　悦　徐鸣宏　郭　欣　郭家聚　唐红霞
　　　　　涂朝阳　陶　莹　崔亚冲　梁玉音　谢爱明
　　　　　楚　颜　戴曼莉

分册撰稿：（按姓氏笔画排序）
付心知　刘可研　陈练文　陈　燕　郑　璇
楚　颜

手语指导：（按姓氏笔画排序）
乌永胜　刘　萍　杜银铃　杨在申　杨　凌
季　谦　周绍光　郑　璇　倪颖杰　焦育祎

手语模特：（按姓氏笔画排序）
陈　静　祝　悦　郭家聚

视觉设计： 王　源　田　野
视觉制作： 吴周洋　崔忠铭
视听朗诵： 吉映澄　曹青莞
插图绘制： 刘汉杰　何芳琦　赵　莉
手语校对： 刘　萍　崔忠铭　康幸运
工作人员： 陈　鑫　胡晓波

指导单位：国家手语和盲文研究中心
　　　　　中国盲文手语推广服务中心
　　　　　中华诗词学会残疾人诗词工作委员会
　　　　　中华志愿者协会国防教育志愿服务总队

支持单位：中国残疾人特殊艺术指导中心
　　　　　辽宁正方信息技术有限公司

视听制作：重庆予尔梦科技有限公司

微信扫一扫
观看《手语诵唐诗》视频

《中华手语大系》(视听版)第三册

与残障人群共享中华文明
——序郑璇主编《中华手语大系》（视听版）

李宇明

如何对待残障人群，是衡量社会文明程度的标尺。

二十世纪八十年代，中国开展残疾人三项康复工作：小儿麻痹后遗症矫治、聋儿听力语言康复、白内障复明。湖北省民政厅为此开办了"听力语言康复研究中心"，年过六旬的张家范女士，虽不是中心主任，但却是一位操心主事之人，有事业心，有权威，人们都尊称她为"太婆"。太婆把湖北省当年的防聋治聋专家武展元、张万化等先生请做顾问，听说我在研究儿童语言，也把我看作专家，聘为顾问。由此我开始接触聋人语言问题，至今已有三十多年了。

与其说我去康复中心当顾问，还不如说是去学习。在那里，我了解了聋儿语言康复的基本状况，包括聋儿家长的心理状态；了解了国内外语言康复的新动态，包括当时日本倡导的"聋健合一"康复模式，即让有一定残余听力的聋儿与健听儿童同班上课，聋儿有良好的自然语境，健听儿童也可获取心智之益。我认识到，聋儿语言康复是一番大事业，也有大学问，不仅自己带着科研意识去工作，还把我的学生许昌洪、袁悦介绍到中心，后来我的学习教育专业的妹妹也到中心工作，他们都在这一领域做出了成绩。我把语言学知识、儿童语言发展理念用在语言康复中，与中心的骨干教师一起，编纂了《聋儿语言康复教程》（华中师范大学出版社，一九九〇年）。教程秉持"全面康复"的理念，有三编二十四单元，包括听觉训练、语言训练和智力训练，后面还附有《聋儿语言康复发音训练操（试行）》。据说，这是国内首部公开出版的供教师和聋儿家长使用的聋儿语言康复教材，效果不错，一九九四年还获得了中国残疾人联合会等五单位颁发的全国首届"奋发文明进步图书奖"二等奖。我还发表了论文《聋童声母获得状况研究》(与徐昌洪合作,《语言文字应用》一九九二年创刊号)、《汉族聋童语音发展的规律及康复对策》(与陈三定、徐昌洪合作,《中国聋儿康复》一九九五年第一期)。因语言康复工作,认识了中国聋儿康复研究中心的高成华、孙喜斌教授和万选蓉老师,结识了北京同仁医院临床听力学专家张华大夫,还有吉林、天津、南京、上海等地的聋儿康复专家。这段经历成为我人生难忘的篇章。

二〇〇〇年我调入教育部、国家语委,之后又到北京语言大学工作。岗位变更使我脱离了语言康复的实践,但也有机会以更宽广的视野关注语言病理学事业。比如,在李卫红主任和程凯副理事长的关心下,二〇一一年国家语委与中残联共同立项,支持顾定倩教授的团队进行"国家通用手语标准"研究,支持钟经华教授的团队进行"国家通用盲文标准"研究。二〇一六年,北京语言大学成立语言康复学院,建立了从本科到博士研究生的语言病理学教育体系,牵头制定了国内第一份《中国失语症语言评估量表》。作为国家语委规范标准审定委员会成员,二〇一八年我参与了《国家通用手语常用词表》和《国家通用盲文方案》的审定工作;二〇二〇年参与了《〈中华人民共和国国歌〉国家通用手语方案》的审定工作,二〇二一年两会期间,通过屏幕看着聋人代表用手语"唱"国歌,真是心潮澎湃。二〇二一年,复旦大学龚群虎教授的国家社科基金重大项目"基于汉语和部分少数民族语言的手语语料库建设研究"结项,我主持了验收评审会,获益良多。这个项目的研制者中,就有郑璇教授。

郑璇是我熟悉但至今尚未线下晤面的学者。她是江城武汉的姑娘,幼年失聪,经家庭语言康复进入普通学校随班就读,是"聋健合一"模式培养出来的优秀学生,从小到大,一身光环。她在武汉大学获得文学学士和硕士学位,又考入复旦大学师从龚群虎教授攻读博士学位,是我国首获语言学博士学位的听障人。她曾赴美担任一所特殊教育学校孔子课堂的教师,出访过挪威和日本。她喜爱阅读,喜爱创作,喜爱舞蹈,跳《千手观音》,跳《踏歌》,跳《孔雀飞来》。她能够熟练使用汉语、英语、中国手语和美国手语,在聋人和健听两个群体、中国和外国多边学界无碍交流。她创立了"汉语——手语——沟通技能"的聋教育三位课程体系,主编的《手语基础教程》广被业界选用,加印达八次之多,创手语教材国内销量记录。她热心聋人公益事业，国内听障人士的社会活动，几乎都可发现她的身影。

近些年，我一直思考如何让特殊人群分享社会信息。社会发展日新月异，特殊人群若不了解社会发展的新信息，就将加深本有的社会鸿沟，使特殊人群更加边缘化。比如，有更多的电视台开办手语节目，有更多的电视节目配手语同译，博物馆、博览会增加手语解说，特别是当灾难、疫情发生时，信息获取的弱势人群更需要得到应急服务。在筹建国家应急语言服务团的过程中，郑璇当然是牵头组织手语应急的最佳人选，我们的线上交往逐渐频繁起来。好像我们并没有线下见过面，但却早已熟识。

有一天，接到她发来的《中华手语大系》(视听版)，并问我能否为大系做序。我打开文件包，真是惊喜交加。大系分三册：《手语说汉字》《手语读〈论语〉》《手语诵唐诗》。第一册《手语说汉字》，有数字、自然、生物、身体、人伦、器物、性状、动作等八篇，每篇选讲若干汉字，共计七十六字。这些字，都在甲骨文中已经出现，今日仍在常用，且构词能力较强，是基本字。讲字，先结合甲骨文字形讲字理，再解说字形演变明字义，配上手语打法教手语技能，最后再把相关词语强化出来起巩固作用。是讲字，也是在讲语言、讲文化、教手语，一举多得，引人入胜。

第二册《手语读〈论语〉》，十篇九十七句，皆《论语》经典名句。每句配上国家通用手语的翻译视频，正面、半侧面交替播放，以便学习。字幕中有现代汉语翻译，同时列出中国手语的书面转写，便于同时学习汉语与手语。

第三册《手语诵唐诗》，十六篇五十五首，皆是脍炙人口、贴近生活的名篇，且易于用手语展示。每首诗先呈现原文，然后"以诗译诗"，翻译为现代汉语，以手语诵读，读者可从中感受到诗律之美、诗意之妙和手语的韵律、节奏。诗歌翻译不易，某种意义而言，诗歌是不可翻译的。编者直译、意译有机结合，尽量保持原貌，又适当做些发挥。每首唐诗的现代翻译和手语诵读，都可以视为再创作。部分唐诗，作者利用手语的韵律、韵脚、停顿等做成"手语诗歌"，这种独具风味的手语诗歌与常规诵读并置，更多了几分情致。

听着书中的标准配音，品味着精美的摄影与绘画，咀嚼着汉字、唐诗、

《论语》名句，欣赏着手语模特的奇妙手势，实在是审美珍馐。手语如此奇妙，懂点手语该有多好。郑璇有个"新时代，新手语"愿景，希望手语成为健听人和聋人彼此沟通连接的纽带，甚至成为健听人爱学、常用的语言。此时的我有些理解她了。据说有些国家基础教育阶段开设手语课程，学生不仅可以了解一种新奇的符号系统，还能更好了解听障群体。

这套大系由听障人士与健听人士合力完成，十分切合平等赋权的现代残障意识。主要制作者和作品呈现者都是听障人士。大系的另一位主编是邰丽华女士，她是中国残疾人艺术团团长，《千手观音》的领舞，精缩舞剧《化蝶》的主演。手语模特都是具有丰富舞台经验的听障艺术家，插图绘制都是听障画家、听障摄影师，朗读配音都是达到普通话一级甲等的听障口语者，手语打法研讨人员多为经验丰富的听障教师，视频的拍摄和剪辑亦均由听障者创业团队完成。这些听障人士为何能够如此成功？他们不仅是中华文明的享有者，还是中华文明的贡献者。我觉得，也正是他们接受了良好的教育，有条件享有中华文明，而后方能成为文明的创造者。"共享文明、共创文明"是个理想，人类社会距此理想还有不小距离。

今日立冬，北京迎来辛丑年第一场大雪，银装素裹的雪天里，更利于冷静思考。《中华手语大系》（视听版）更深层的意义，是把文化注入手语中，可使中国手语具有更强的文化表现力；是向听障人群传播中华优秀文化，让其共享主流文明，继而可望与主流社会一起创造文明。对待残障人群，不能仅仅是不歧视，仅仅是得到社会的照顾救济，更要尊重他们，创造各种条件充分激发其潜能，使之成为社会的建设者，甚至能够像《中华手语大系》（视听版）的编创团队一样，成为文明的创造者。

如何对待残障人群，是衡量社会文明程度的标尺。残障人群对社会生活的感受和为社会做出的贡献，更是衡量社会文明程度的标尺。

李宇明
二〇二一年十一月七日
农历辛丑年立冬之日
序于北京惧闲聊斋

出 版 说 明

《中华手语大系》(视听版)第一辑共三册,分别为《手语说汉字》《手语读〈论语〉》《手语诵唐诗》,各册按主题分类排列,并附有二维码。每个汉字、每个句子、每首唐诗均附有对应的视频,读者可以直接扫码进入视频版块自行观看。

《手语说汉字》

本分册共分八篇,累计收录七十六个汉字。选字原则有三:在甲骨文中已出现;现代生活中常用;能产性高,既能单用也能联合构词。选字过程参考了《通用规范汉字字表》和最新全日制普校和聋校语文教材识字表,对汉字的解读参考了《说文解字》《汉典》《汉字全息资源应用系统》,并经刘钊、肖圣中等古文字专家审阅雅正。

对每一汉字,首先列出甲骨文字形作今昔对比;然后进行通俗、生动的溯源解说;继而延伸到国家通用手语词典中与该字相关的词语,进行专题讲解和教学,力图引导读者举一反三地进行思考,在对汉字增进了解的同时也学习手语技能;最后通过词语复习环节进行巩固强化。

《手语读〈论语〉》

本分册共分十篇,累计收录《论语》中大众耳熟能详、琅琅上口的经典名句九十七句,其中不少句子在普校、聋校语文教材中均有出现。

《论语》语言精炼而用意深远,其中不少句子至今学界尚存争议。本分册依据学术界通行观点和现行语文教材,参考钱穆、杨伯峻、杨逢彬等名家解读用现代汉语进行翻译和注释,尽量避免对汉语文本作过多的生发,力求还原作者本意,为后人留下想象空间。每句均配有国家通用手语翻译视频,正面、半侧面分别播放一次,便于读者自学。为使读者更好地对比汉语和中国手语的语法差异，在视频字幕中将现代汉语译文和中国手语书面转写分别列出，读者可根据实际需要选择观看。

《手语诵唐诗》

  本分册共分十六篇，题材涵盖广泛，根据由近及远，由小及大，由自然及社会的原则编排，累计收录既脍炙人口又贴近生活、易于用手语展示的唐诗五十五首。每首诗首先呈现全文，然后根据"以诗译诗"的原则用现代汉语进行翻译，以中国手语进行诵读，力求让读者感受到中国手语及古今汉语的格调、韵律、节奏之美，体验到不同语言外在形式的差异和内在意蕴的统一。

  在此需要说明，诗歌翻译本身是一项难度极大、极富挑战性的工作，有学者认为"诗者，翻译所失也"，即诗歌具有某种程度的不可译性。本分册立足每首唐诗的实际，采取直译和意译有机结合的方式，力求既还原文本、呈现古意，又适当发挥、合理留白。对于部分唐诗，我们还尝试创作了利用手语本身的手形、方向、位置等要素形成特定韵律、营造特别效果的"手语诗歌版"，和"常规诵读版"并列。每首唐诗的现代汉语译文和手语诵读，从本质上属于"再创作"，同原诗表达的内容和意境必然具有差异，本书的解读仅为一家之言，供读者学习参考。

  每首唐诗的手语诵读均配有真人示范视频，正面、半侧面分别播放一次，便于读者自学。为使读者更好地对比汉语和中国手语的语法差异，在视频字幕中将诗歌原句和中国手语书面转写分别列出，读者可根据实际需要选择观看。

手语转写体例

  本丛书的视听手语转写体例采用龚群虎、杨军辉于二〇〇三年开发的《中国手语转写方案》中的宽式转写法。具体原则为：词界以"/"区隔；手势的重复记为"++"，重复两次以上记为"+++"；手势的保持或拖长记为"---"，如过长则记为"----"；如有方向、类标记、表情体态等细节需要说明，以括号进行标记。

配音

  本丛书为汉字、论语名句和唐诗配备了口语朗诵，便于听力健全人和佩戴听力辅助设备的听障者收听和学习。所有配音工作均由普通话水平出色的口语听障者独立完成。

插图

  本丛书的每一分册均配有精美的摄影作品或绘画作品作为插图。所有插图均由听障画家和听障摄影师独立原创。

手语模特

  本丛书的配套视频和摄影作品中出镜的手语模特全部为听障者。

目录

序   1
出版说明   1

春

春晓   唐·孟浩然   3
咏柳   唐·贺知章   5
早春呈水部张十八员外   唐·韩 愈   7

夏

采莲曲   唐·王昌龄   11
山亭夏日   唐·高 骈   13
夏日南亭怀辛大   唐·孟浩然   15

秋

山行   唐·杜 牧   18
秋夕   唐·杜 牧   19
枫桥夜泊   唐·张 继   21

冬

江雪   唐·柳宗元   24

逢雪宿芙蓉山主人	唐·刘长卿	25
问刘十九	唐·白居易	27

月

古朗月行（节选）	唐·李白	31
静夜思	唐·李白	33
望月怀远	唐·张九龄	35
月下独酌	唐·李白	37

雨

清明	唐·杜牧	41
滁州西涧	唐·韦应物	43
春夜喜雨	唐·杜甫	45

花

江畔独步寻花七绝句（其六）	唐·杜甫	49
大林寺桃花	唐·白居易	51
辛夷坞	唐·王维	52
题菊花	唐·黄巢	53

山水

鹿柴	唐·王维	57
画	唐·王维	59
望天门山	唐·李白	60
望庐山瀑布	唐·李白	61

登高

登幽州台歌	唐·陈子昂	65
夜宿山寺	唐·李白	66
登鹳雀楼	唐·王之涣	67
登高	唐·杜甫	69

送别

赠汪伦	唐·李白	73
黄鹤楼送孟浩然之广陵	唐·李白	74
别董大	唐·高适	77
送元二使安西	唐·王维	79

行旅

早发白帝城	唐·李白	82

乐游原	唐·李商隐	83
次北固山下	唐·王湾	85

怀人

相思	唐·王维	88
游子吟	唐·孟郊	89
夜雨寄北	唐·李商隐	91

思乡

杂诗	唐·王维	95
逢入京使	唐·岑参	97
回乡偶书	唐·贺知章	99
九月九日忆山东兄弟	唐·王维	101

民生

悯农	唐·李绅	105
小儿垂钓	唐·胡令能	107
寻隐者不遇	唐·贾岛	109
过故人庄	唐·孟浩然	111

边塞

凉州词	唐·王之涣 114
凉州词	唐·王　翰 116
塞下曲	唐·卢　纶 117

家国

春望	唐·杜　甫 120
闻官军收河南河北	唐·杜　甫 123
出塞	唐·王昌龄 125
后记	127

春

  春天里,远山近水悠远澄明,处处充满着生机。我们恬然于"夜来风雨声,花落知多少"的春晓,欣喜于"二月春风似剪刀"的柔风,惊叹于"草色遥看近却无"的新绿。

  孟浩然的《春晓》以一双赏春惜春的慧眼,捕捉典型的春天气息,通过早晨诗人醒来后的听觉感受和联想,表达喜爱春天和怜惜春光的情感。

  贺知章则独具匠心,语含温柔,将神奇灵巧的二月春风和春风中柳树的迷人姿态形象化地描绘了出来,《咏柳》也成为咏物诗的典范之作。

  韩愈在写给水部员外郎张籍的早春小诗中,选择常见的"小雨"和"草色",观察细致,构思独特,描绘出早春的独特景色,给人一种清新舒适的美感。

  春草如有情,山中尚含绿。春光融融之中,我们静静读诗,悠然且陶然。人生自有诗意。

春晓

唐　孟浩然

春眠不觉晓，
处处闻啼鸟。
夜来风雨声，
花落知多少。

原诗

春天沉睡不知天已破晓，
到处能听见小鸟的鸣叫。
昨夜传来许多风声雨声，
花儿不知被吹落了多少。

译文

注释

晓：天刚亮。
春晓：春天的清晨。
不觉：没有发觉。
啼鸟：鸣叫的鸟。
知多少：不知有多少。

咏柳

唐　贺知章

碧玉妆成一树高，
万条垂下绿丝绦。
不知细叶谁裁出，
二月春风似剪刀。

柳叶像满树碧玉，挂满高高的柳树梢，
柳枝像绿丝带，轻柔地垂下飘飘摇摇。
不知这细细的叶儿，是谁的妙手剪出？
二月的春风穿过柳叶，像一把把剪刀。

碧玉：碧绿的玉，比喻柳树的嫩叶。
妆：装饰，打扮。
一树：满树。
万条：很多条。
丝绦：丝编的带子，比喻柳条。
裁：剪。

早春呈水部张十八员外

唐 韩愈

原诗

天街小雨润如酥，
草色遥看近却无。
最是一年春好处，
绝胜烟柳满皇都。

译文

京城街道上小雨细腻滋润如酥，
青草的颜色远看似有近看却无。
一年最美的光景正是早春景色，
远胜过烟一样的柳树遍布帝都。

注释

呈：恭敬地送给。
水部张十八员外：指唐朝诗人张籍，在同族兄弟中排行第十八，故称。
天街：京城的街道。
酥：即酥油，牛羊乳制品。
最是：正是，就是。
好处：美好的时候或处所。
绝胜：远远超过。
烟柳：烟雾中的柳树，也泛指柳树，因为柳絮像炊烟。
皇都：帝都，指长安，唐朝都城，在今陕西省西安市。

夏

  采莲是夏季江南最美的风景，荷叶与罗裙一样绿，荷花与脸庞一样红，无边的荷塘中不见人影只闻歌声。《采莲曲》中，王昌龄笔下青春活泼的采莲少女，伴着悠扬四起的菱歌，在荷塘中时隐时现，成为夏季醉人的风景。

  诗人高骈在夏日的山亭观景，绿树浓荫，楼台倒影，水晶帘动，满架蔷薇，《山亭夏日》呈现了一幅色彩鲜丽、情调清和的图画，景致幽静，充满了醉人的香气。

  孟浩然在夏日的南亭纳凉，于闲适清凉中思念好友辛大，由境界的清幽绝俗想到弹琴，进而想到"知音"，从而有"恨无知音赏"的轻轻叹息。满眼的绿意在阳光的轻拂下身姿婆娑，在光影斑驳中岁月悠长、静好如梦。

  荷风送香气，竹露滴清响。夏日炎炎之中，我们自在读诗，恬然且怡然。人生自有诗意。

采莲曲

唐　王昌龄

荷叶罗裙一色裁，
芙蓉向脸两边开。
乱入池中看不见，
闻歌始觉有人来。

绿罗裙和荷叶仿佛一色剪裁，
荷花向着少女的脸颊边盛开。
倩影没入荷花间谁也看不见，
听到歌声才察觉到有人前来。

罗裙：丝罗做的裙子，泛指女子衣裙。
一色裁：好像用同一种颜色的织物剪裁而成，这里形容荷叶与衣裙一样绿。
芙蓉：指荷花。
乱入：混进。
始觉：才知道，才察觉。

山亭夏日

唐　高骈

绿树阴浓夏日长，
楼台倒影入池塘。
水晶帘动微风起，
满架蔷薇一院香。

树荫浓密，夏日悠长，
楼台倒影，映入池塘。
水晶帘动，微风吹起，
满架蔷薇，整院飘香。

浓：指树的阴影颜色很深。
楼台：泛指较高的建筑物。
蔷薇：植物名，花有白色、淡红色等多种，初夏开放。
一院：整个院子。

夏日南亭怀辛大

唐　孟浩然

山光忽西落，
池月渐东上。
散发乘夕凉，
开轩卧闲敞。
荷风送香气，
竹露滴清响。
欲取鸣琴弹，
恨无知音赏。
感此怀故人，
中宵劳梦想。

山边的夕阳，匆匆向西边落下，
池边的月亮，渐渐从东方升上。
披散着头发，享受傍晚的凉爽，
打开窗躺下，四周空旷而宽敞。
荷花乘着晚风送来幽幽香气，
竹叶上的露水滴下清晰声响。
想要拿过音色悦耳的琴来弹，
遗憾没有懂音律的朋友欣赏。
有感于这良夜啊我怀念旧友，
半夜梦里也忧愁不已地念想。

注释

山光：山边的日光。
池月：池边的月光。
东上：从东边升起。
散发：披散着头发。
开轩：开窗。
闲敞：空旷，宽敞。
鸣琴：泛指琴。
恨：遗憾。
知音：通晓音律，比喻知心朋友。
感此：有感于此。
故人：老朋友。
中宵：中夜，半夜。
劳：忧愁，愁苦。
梦想：梦中想念。

 秋

  夕晖晚照下，山间枫叶流丹，比二月的春花还要火红艳丽，使秋天的山林呈现一种热烈如火、生机勃勃的景象。杜牧因喜爱这动人的山林秋景，停下远行的车马，静立山间小径，细细欣赏。

  月落乌啼，霜天寒夜，江枫渔火，孤舟客子，张继对江南的深秋夜景有着独特的观察和感受，羁旅之思、家国之忧都涌上心头，落在诗中。

  深宫秋夕中的银烛画屏幽冷暗淡，宫女手执纨扇扑着飞动的萤火虫，消遣她孤独寂寞的无尽岁月。夜已深沉，寒意渐起，可她依然坐卧在石阶上，仰视相隔于天河的牵牛星和织女星。《秋夕》中，宫女的无限哀怨与隐含期望相交织，这种复杂感情被传达得淋漓尽致。

  秋山不可尽，秋思亦无垠。秋风秋雨之中，我们依然读诗，无忧亦无惧。人生自有诗意。

山行

唐 杜牧

原诗

远上寒山石径斜，
白云生处有人家。
停车坐爱枫林晚，
霜叶红于二月花。

译文

深秋寒冷的山中，小路远远地向山上弯斜，那白云升腾而起的地方，依稀有几户人家。我停下马车，只因喜爱枫树林的傍晚景致，染了霜的枫叶红得明艳，胜过二月的春花。

注释

山行：在山中出行。
寒山：寒冷的山，指深秋时节的山。
径：小路。
斜：形容小路蜿蜒地伸向山顶。
坐：因为。
红于：比……更红。

秋夕

唐　杜牧

银烛秋光冷画屏，
轻罗小扇扑流萤。
天阶夜色凉如水，
卧看牵牛织女星。

秋夜的烛光照在屏风上冷冷清清，
宫女们手拿丝罗小扇扑打着流萤。
夜色里宫中的石阶触手冰凉如水，
她躺下痴痴望着天上的牵牛织女星。

秋夕：秋天的夜晚。
银烛：银色的蜡烛。
画屏：画有图案的屏风。
轻罗小扇：丝罗制成的轻巧的小团扇。
流萤：飞动不定的萤火虫。
天阶：皇宫中的台阶。
牵牛织女星：星座名，指牵牛星、织女星，也指古代神话人物牵牛、织女。传说织女是天帝的孙女，嫁给牵牛，每年七夕渡过银河与他相会。本诗主人公宫女，夜深凝望牵牛织女星，自怜皇帝将她忘却，身世悲凉，乃至不如一年一聚的牵牛织女星。

枫桥夜泊

唐　张继

月落乌啼霜满天，
江枫渔火对愁眠。
姑苏城外寒山寺，
夜半钟声到客船。

斜月西沉，乌鸦啼鸣，霜气布满寒天，
江边枫叶，渔船灯火，伴我带愁入眠。
苏州城外，名刹庄严，此寺名唤寒山，
长夜已半，僧人撞钟，声声传到客船。

枫桥：地名，在今江苏省苏州市阊门外。
夜泊：晚上把船停在岸边。
月落：月亮落下，只留下暗淡的光影。
乌啼：乌鸦鸣叫。
霜满天：形容严寒天气空气极冷，好像空气中也结满了霜。
江枫：江边的枫树。
渔火：捕鱼的船上亮着的灯火。
对愁眠：相对相伴，带着忧愁入睡。此处把江枫和渔火拟人化，仿佛陪伴着诗人带愁入梦。

姑苏：苏州的别名。
寒山寺：寺名。在今江苏省苏州市西枫桥镇。
夜半钟声：当时吴中的寺庙有半夜敲钟的习俗。
客船：在外漂泊的旅客的船，这里指诗人所在的船。

冬

　　冬日没有春日的草长莺飞，没有夏日的桐阴午梦，没有秋日的鸿雁黄花，却有白雪皑皑时的清冷无尘、寒梅绽放时的醉人清香。

　　柳宗元笔下的冬天，万籁俱寂，千古孤绝。极端的空旷与寂静，衬托出超然物外、清高孤傲的雪中渔翁形象。

　　刘长卿笔下的冬天，雪夜漫漫，一人一犬。旅客暮夜投宿，山家风雪人归，严冬寒夜山村里的柴门犬吠，带给雪夜旅人难得的慰藉。

　　白居易笔下的冬天，绿蚁新酒，邀友来饮。可以想象，当刘十九收到此诗的邀约时，定是欣然前往，此时屋外正下着鹅毛大雪，但屋内却温暖明亮，温馨惬意，两人相对而饮，其乐融融。

　　当蒹葭苍茫岁月，当霜雪浸染长河，我们酿字为酒，饮雪成诗。日暮诗成天又雪，与梅并作十分春。雪落无声之时，我们琅琅读诗，静待春天。人生自有诗意。

江雪

唐　柳宗元

原诗

千山鸟飞绝，
万径人踪灭。
孤舟蓑笠翁，
独钓寒江雪。

译文

千万座山上，没有飞鸟的声息，
千万条路上，不见行人的足迹。
只见一叶孤舟，渔翁披蓑戴笠，
江雪中独自垂钓，寒冷又孤寂。

注释

绝、灭：尽，没有。
千山、万径：千万座山、千万条路。千、万是虚指数词，形容数量很多。
人踪：人的脚印。
蓑笠：蓑衣和斗笠，古代用来防雨的外衣和帽子。

逢雪宿芙蓉山主人

唐　刘长卿

日暮苍山远，
天寒白屋贫。
柴门闻犬吠，
风雪夜归人。

青山遥远，暮色降临，
天气严寒，白屋清冷。
柴门近旁，听闻犬吠，
风雪之夜，家有归人。

逢雪：遇上下雪天。
宿：投宿，借住。
日暮：指傍晚时分。
苍山：青色的山。
白屋：简陋的茅草房，指贫穷的人家。
柴门：用树枝、碎木头等搭成的简陋的门。
犬吠：狗叫。

问刘十九

唐　白居易

绿蚁新醅酒，
红泥小火炉。
晚来天欲雪，
能饮一杯无？

新酿的美酒浮沫细如绿蚁，
泥砌小火炉烧得红光熠熠。
傍晚的天空像是将要飘雪，
喝一杯酒吧，你愿不愿意？

刘十九：白居易的朋友，名字未详。
绿蚁：形容新酿的、没有过滤的米酒表面的绿色浮沫。
醅：酿造。
红泥：用来烧制火炉的一种泥土。
欲：将要。
雪：下雪。
无：语气助词，表示疑问，相当于"吗"。

月

  月是古典诗词中最令人心驰神往、最能够牵动情思、最独属古典中国的永恒意象。"小时不识月，呼作白玉盘"（李白《古朗月行》），月承载着我们天真无邪的童年旧梦；"海上生明月，天涯共此时"（张九龄《望月怀远》），月见证着我们执手同心的相思相伴；"举头望明月，低头思故乡"（李白《静夜思》），月寄托着我们离别思乡的羁旅漂泊；"举杯邀明月，对影成三人"（李白《月下独酌》），月陪伴着我们轻歌曼舞、忘情漫游。

  "人有悲欢离合，月有阴晴圆缺"，世上有不绝的风景，月给了我们不老的心情。无论身处何地，无论心绪如何，只要有月，就有故乡和祝福，就有美好和希望。

古朗月行（节选）

唐 李白

小时不识月，
呼作白玉盘。
又疑瑶台镜，
飞在青云端。
仙人垂两足，
桂树何团团。
白兔捣药成，
问言与谁餐。

小时候呀我不认识那月亮，
只当是个晶莹剔透的玉盘。
有时怀疑它是仙人的明镜，
长了翅膀飞到云朵那一端。
月初生时只看见仙人双脚，
月圆时露出桂树叶茂枝繁。
白兔日复一日辛劳把药捣，
捣成的药不知给谁来服咽。

朗月行：《朗月行》是乐府古题，南朝宋诗人鲍照曾有《朗月行》。

李白将此诗题为《古朗月行》，是借乐府旧题创作的一首诗。

呼作：叫作，称为。

疑：好像。

瑶台：传说神仙居住的地方。

仙人、桂树、白兔：都是传说中月亮里的事物。

团团：枝叶茂盛的样子。

捣药：捣碎药材，传说月亮里有白兔捣制成仙的药材。

静夜思

唐 李白

床前明月光，
疑是地上霜。
举头望明月，
低头思故乡。

床前明月投下清光，
好像地上结了白霜。
抬头眺望当空明月，
低头想念我的故乡。

静夜思：安静的夜晚产生的思绪。
疑：好像。
举头：抬头。

望月怀远

唐　张九龄

海上生明月，
天涯共此时。
情人怨遥夜，
竟夕起相思。
灭烛怜光满，
披衣觉露滋。
不堪盈手赠，
还寝梦佳期。

海面上刚刚升起了一轮明月，
人在天涯举头同望倍感亲切。
多情的我含着幽怨度过长夜，
通宵不眠地体会相思的情结。
怜爱月光满室我将蜡烛熄灭，
披衣徘徊夜露深重我才察觉。
月光虽美我却无法捧送给你，
只盼重回梦境相见永不分别。

怀远：思念远方的亲人。

生：升起。

情人：多情的人，指诗人自己。

遥夜：长夜。

竟夕：通宵，整夜。

相思：彼此想念。

怜：爱。

滋：湿润。

不堪：不能，无法。

盈手赠：把（月光）双手捧满来赠送。盈，充盈，满溢的状态。

还寝：返回睡梦。

佳期：美好的时光，指和家人相聚的时光。

月下独酌

唐　李白

花间一壶酒，
独酌无相亲。
举杯邀明月，
对影成三人。
月既不解饮，
影徒随我身。
暂伴月将影，
行乐须及春。
我歌月徘徊，
我舞影零乱。
醒时同交欢，
醉后各分散。
永结无情游，
相期邈云汉。

花丛中摆下一壶好酒，
无人做伴我自斟自饮。
举杯邀请那天上明月，
连同我身影正好三人。
月亮它何曾懂得饮酒，

影子也不过在我身后。
暂且将它们当作朋友，
一起趁春天忘掉忧愁。
我歌唱月亮徘徊低语，
我起舞影子零乱一地。
清醒时我们共同欢乐，
酒醉后我们各奔东西。
但愿能永远忘情漫游，
相会在茫茫宇宙天际。

注释

独酌：独自饮酒。

相亲：指互相亲近的人。

对影：对着自己的影子。

既：已经。

不解：不懂，不会。

徒：徒劳，白白地，只不过。

将：和。

及春：趁着春光明媚的时候。

徘徊：来回移动。

零乱：零碎散乱。

交欢：一起欢乐。

永结无情游：永远结下忘情的、超脱世俗的友谊。

期：约定，约会。

邈：遥远的。

云汉：银河，这里指天上、宇宙中。

雨

　　春雨是大自然的恩赐，它滋润着草木的生发，氤氲着诗人的思绪。

　　"随风潜入夜，润物细无声"，这是希望之雨，《春夜喜雨》以拟人化的手法，充满喜悦、生动形象地描写了"知时节"的"好雨"，它随着春风在夜里悄悄地落下，悄然无声地滋润着大地万物。体物细腻，出神入化。

　　"清明时节雨纷纷，路上行人欲断魂"，这是时令之雨，《清明》写尽了雨中行路的惆怅失意与深愁暗恨，心事纷乱凄迷的他欲寻酒家歇脚饮酒，牧童指着远方那杏花深处雨幕掩映下的小村庄。寓情于景，情景交融。

　　"春潮带雨晚来急，野渡无人舟自横"，这是闲适之雨，《滁州西涧》展现了一番由清丽的色彩与动听的音乐交织而成的幽雅景致，幽草在涧边生长，黄莺在树荫深处啼鸣，春潮上涨，春雨淅沥，只有空舟随波漂荡。写景清切，悠然意远。

清明

唐 杜牧

原诗

清明时节雨纷纷，
路上行人欲断魂。
借问酒家何处有？
牧童遥指杏花村。

译文

清明时节的天空雨丝飘洒乱纷纷，
旅途中的人们行色忧伤落魄失魂。
借问一声牧童哥此地酒家何处有，
牧童随手遥遥指向那边的杏花村。

注释

清明：二十四节气之一，在阳历四月五日前后，有扫墓、踏青等习俗。
纷纷：形容多，指雨飘飘洒洒下个不停。
欲：将要。
断魂：形容非常哀伤。
借问：请问。
酒家：酒馆，卖酒的商铺。
杏花村：开满杏花的村庄，泛指酒家。

滁州西涧

唐 韦应物

原诗

独怜幽草涧边生，
上有黄鹂深树鸣。
春潮带雨晚来急，
野渡无人舟自横。

译文

最爱那幽深的芳草长在山谷涧溪，
还有那茂密的树丛中歌唱的黄鹂。
天晚时春潮湍急，又夹带着细雨，
野外渡口没有人，小船横停不移。

注释

滁州：地名，在今安徽省滁州市以西。
西涧：在滁州城西，又名上马河。涧，山间的水流。
独怜：唯独喜欢，最爱。
幽草：幽深的溪谷中生长的草。
深树：枝繁叶茂的树。
春潮：春天的潮水。
横：横陈，闲置。形容小船停泊在渡口，无人使用、原地漂浮的状态。

春夜喜雨

唐 杜甫

好雨知时节，
当春乃发生。
随风潜入夜，
润物细无声。
野径云俱黑，
江船火独明。
晓看红湿处，
花重锦官城。

好雨像是会挑选时序，
在春天里将生命呵护。
随春风悄悄飘入夜幕，
细密无声地滋润万物。
乌云笼罩了田间小路，
渔船上燃着灯火一簇。
天亮后花丛沾满了雨，
锦官城春花垂满重露。

喜：喜悦，指春夜的雨让诗人感到欢喜。

当：正值，就在。

乃：于是，就。

发生：使植物生长。

潜：悄悄地。

野径：乡野间的小路。

晓：天刚亮。

红湿处：沾着雨水的花丛。

重：形容花沾满雨露后饱满厚重。

锦官城：地名。故址在今四川省成都市南。

花

　　王维的辛夷坞，像芙蓉一样明艳的辛夷花开放在寂寥无人的山林之中，自开自落，本性自然，带着空寂的禅心和静观的自得。

　　黄四娘家繁花满枝，春光烂漫。不仅有蝴蝶流连起舞，更有黄莺恰恰娇啼，让缓步赏春的杜甫应接不暇，惊喜不已。

　　大林寺的桃花刚刚盛开，为这芳菲已尽的人间四月天，带来了一片别样的春光。白居易由衷感到，原来春天并未离去，只不过是转到这一片天地中了。

　　黄巢笔下的菊花却不同于春天的桃花，它开放在飒飒的西风中，散发着幽冷的寒香，没有蜂蝶相伴。因此诗人想象自己若是能做司春之神，就要让它和桃花一起开放在春天。这样宏伟的抱负，这样豪迈的宣言，为菊花赋予了别样的风骨。

　　唐风中的每一朵花，都是一个芬芳美丽的抒情世界。年年岁岁花相似，岁岁年年人不同，诗人闲看花开花落，赏花亦是品味人生百味，写花亦是抒写心志情谊。

江畔独步寻花七绝句（其六）

唐　杜甫

原诗

黄四娘家花满蹊，
千朵万朵压枝低。
留连戏蝶时时舞，
自在娇莺恰恰啼。

译文

黄四娘家的花儿沿小路盛开，
千朵万朵压得花枝低垂下来。
蝴蝶嬉戏着恋恋不舍地飞舞，
黄莺自在地唱出婉转的情怀。

注释

江畔独步：江边独自散步。
黄四娘：杜甫成都草堂的邻居。
蹊：小路。
留连：留恋，恋恋不舍。
娇：柔嫩，可爱。
恰恰：象声词，形容鸟叫婉转动听。
啼：鸣叫。

大林寺桃花

唐 白居易

人间四月芳菲尽,
山寺桃花始盛开。
长恨春归无觅处,
不知转入此中来。

人间四月,暮春已过,丰茂的百花不再,
山中大林寺的桃花啊,却刚刚开始盛开。
我常常惋惜,春色消逝后再无寻觅之处,
不知春天已悄悄折返,转回到了这里来。

大林寺：寺庙名,在今江西省九江市庐山大林峰。
人间：世间,此处指庐山脚下的区域。
四月：指农历四月。
芳菲：阳春时节盛开的百花。
尽：凋谢。
春归：春天过去。
觅：寻找。
不知：想不到。
转：返回。这里将春天、春色拟人化,意指春天虽已过去,春色却返回到了大林寺的桃花中来。
此中：指大林寺。

辛夷坞

唐　王维

原诗

木末芙蓉花，
山中发红萼。
涧户寂无人，
纷纷开且落。

译文

枝头辛夷好颜色，
山中吐艳开红萼。
涧边寂寞无人赏，
自开自谢自飘落。

注释

辛夷坞：王维别墅"辋川山庄"之一景，坞上种有辛夷花，因而得名，在今陕西省蓝田县内。坞，四面高、中间低的地形。
木末芙蓉花：指辛夷花，有紫白两色，开在枝头，形状颜色与荷花相似。荷花别名芙蓉，所以"木末芙蓉花"借指辛夷花。
发：长出，绽放。
萼：花萼，花朵的一部分，由几个叶片状物组成，花开时托着花瓣。
涧户：涧口。涧，山间的水流。
纷纷：形容多。

题菊花

唐　黄巢

飒飒西风满院栽，
蕊寒香冷蝶难来。
他年我若为青帝，
报与桃花一处开。

秋风飒飒的院子中，菊花金黄满地栽，
花也寂寞，香也清冷，蝴蝶也不愿来。
有朝一日，我若当了掌管春天的神明，
定要让菊花桃花一样都在春天里盛开。

飒飒：象声词，风吹动树木枝叶的声音。
青帝：司春之神，即主管春天时令的神，古代传说五天帝之一。
报："告诉，指"我"作为司春之神，要命令、安排菊花开花的时间。
一处：同一个地方，此处指菊花与桃花一同在春天开放。

山水

　　空山之中古木参天，清幽空寂，人语之声更显出山的幽静，夕阳映入深林，又返照在林下的青苔上。王维的《鹿柴》一诗刻画了空谷人语、斜晖返照这一个瞬间特有的寂静清幽，耐人寻味。

　　李白笔下的山水风景向来是想象奇特，意境开阔，无论是浩荡东流的楚江冲破天门山奔腾而去的壮阔气势（《望天门山》），还是云烟雾霭之中巍巍香炉峰前如银河一般飞流直下、临空而落的浪漫奇景（《望庐山瀑布》），都体现了李白豪迈飘逸的盛唐之气。

　　诗歌是心灵的语言，山水是精神的家园，可以赏心悦目，骋怀乐游，可以澄怀观道，静照忘求，正所谓"山水有清音"，就像《画》这首诗所呈现的清妙意蕴，这是一种超越了知性和感性之后获得的洞明与通达，是人的本真生命与自然意趣相映照的自由状态。

鹿柴

唐　王维

空山不见人，
但闻人语响。
返景入深林，
复照青苔上。

看不见人的高山分外空旷，
只听见阵阵话语声在回响。
夕阳光影映入幽深的树林，
又照在密林暗处的青苔上。

鹿柴：王维别墅"辋川山庄"之一景。柴，木栅栏。
但：只。
人语：人说话的声音。
返景：夕阳由云彩反射出的光影。
复：又。

画

唐　王维

远看山有色，
近听水无声。
春去花还在，
人来鸟不惊。

远处观望，山色青青，
走近聆听，流水无声。
春天虽去，花儿未落，
有人前来，鸟儿不惊。

色：颜色。
惊：害怕，指鸟儿受到惊吓。

望天门山

唐 李白

原诗

天门中断楚江开，
碧水东流至此回。
两岸青山相对出，
孤帆一片日边来。

译文

长江将天门山劈成了两边，
碧水向东流却在这里回旋。
两岸青山双双耸立着出现，
水天相接处驶来孤帆一片。

注释

天门山：山名，在今安徽省芜湖市长江两岸，由两座夹江对峙的山（东梁山、西梁山）组成，两山形如刀削，相对如天然门户，故名天门山。
中断：从中间断裂。
楚江：即长江，古代长江中游地属楚国，所以又名楚江。
开：劈开。
至此回：指东流的江水在天门山转向北流。
两岸青山：指东梁山、西梁山这两座山。
出：出现。
日边来：形容小船从水天相接处缓缓驶来，仿佛来自太阳旁边。

望庐山瀑布

唐　李白

日照香炉生紫烟，
遥看瀑布挂前川。
飞流直下三千尺，
疑是银河落九天。

阳光照着香炉峰升起紫色云烟，
远看瀑布像条河流悬挂在山前。
它奔流而笔直坠落似有三千尺，
莫非是那天上的银河洒落人间？

香炉：指庐山香炉峰。
紫烟：形容阳光照射云雾，产生紫色的云烟。
遥看：从远处看。
挂：悬挂。
前川：山前的河流，此处指瀑布。
直下：笔直地落下。
三千尺：虚指数量词，形容山高。
疑：好像。
银河：指天空中明亮如带的星群，用来比喻瀑布。
九天：古人认为天有九重，九天是天的最高层，此处形容瀑布落差非常大。

登 高

浪漫如仙的李白在凭栏远眺中随处惊叹"危楼高百尺"(《夜宿山寺》),运用无比大胆的想象和夸张,写出了山寺之奇高,星夜之奇妙,给人强烈的身临其境之感,具有独特的艺术感染力。

陈子昂《登幽州台歌》和王之涣《登鹳雀楼》都着眼于时空的无尽,以辽阔无限的宏大背景展现出超越个体的情怀。前者抒发了抑郁已久的悲愤之情,具有深刻的典型社会意义;后者表达了积极探索和无限进取的人生态度,是唐代五言诗的压卷之作。

《登高》是杜甫人生暮年的百感交集,是独自登高的愁苦凄凉。长江沿岸的萧瑟秋景令他触目伤怀,穷困潦倒、年老多病、流寓他乡的身世之感交织其间,无限悲愁,句句皆律,被誉为"七律之冠"。

登高而博见,咏怀而成诗,唐代的登高诗作激荡出属于这个盛世的慷慨之音和穿越时空的恒久魅力。

登幽州台歌

唐　陈子昂

前不见古人，
后不见来者。
念天地之悠悠，
独怆然而涕下。

回想历史不见求才明君，
展望后世难觅伯乐贤人。
感慨苍茫天地广阔无边，
唯有长叹一声热泪纷纷。

幽州台： 幽州，古十二州之一，地属今北京市。
前： 往前看，指回看历史。
古人： 古代礼贤下士的圣明君主。
后： 往后看，指展望后世。
来者： 后世赏识贤才的圣明君主。
念： 想。
悠悠： 久远辽阔，形容时间久远无极、空间辽阔无边。
怆然： 悲痛凄惨的样子。
涕下： 眼泪落下。

夜宿山寺

唐 李白

● 原诗

危楼高百尺，
手可摘星辰。
不敢高声语，
恐惊天上人。

● 译文

这座高楼高得真让我惊讶，
一伸手就可以把星星摘下。
我小心翼翼不敢高声说话，
惊扰了天上神仙我会害怕。

● 注释

夜宿山寺：夜里投宿山顶的寺庙。
危楼：高楼，指山顶寺庙。
百尺：虚指数量词，形容楼高。
星辰：星星的统称。
语：说话。
恐：唯恐，害怕。

登鹳雀楼

唐　王之涣

白日依山尽，
黄河入海流。
欲穷千里目，
更上一层楼。

夕阳倚着西山缓缓沉落，
黄河汇入大海滚滚奔流。
若想千里风光尽收眼底，
便要再往高处登一层楼。

鹳雀楼：在今山西省永济市黄河东岸，因常有鹳雀飞来，故名鹳雀楼。
白日：太阳。
依：倚靠。
尽：消失，沉没。
欲：想要。

登高

唐　杜甫

风急天高猿啸哀，
渚清沙白鸟飞回。
无边落木萧萧下，
不尽长江滚滚来。
万里悲秋常作客，
百年多病独登台。
艰难苦恨繁霜鬓，
潦倒新停浊酒杯。

疾风劲吹，天空高远，猿猴叫声伤悲，
沙洲清冷，一片空白，鸟儿翻飞徘徊。
森林连绵，无边无际，萧萧落叶坠下，
长江浩渺，无穷无尽，滚滚波涛涌来。
漂泊万里，对秋悲叹，终究是名过客，
人生百年，老朽多病，黯然独上高台。
国难家愁，遗憾不已，两鬓白发如霜，
困顿失意，因病戒酒，如何才能释怀。

啸：长声鸣叫。

渚：水中的小块陆地，小洲。

回：回旋，盘旋。

落木：飘落的树叶。

萧萧：象声词，草木飘落的声音。

滚滚：大水奔流滔滔不绝的样子。

万里：虚指数量词，形容离开故乡漂泊得很远。

悲秋：对着秋景感到悲伤。

作客：寄居他乡。

百年：一生。因为人生寿命大多不超过百岁，所以借指终生。

繁霜鬓：白发增多，仿佛鬓角覆盖了霜雪。繁，动词，增多。

潦倒：颓丧，失意。

新停：最近停止，刚刚停下。杜甫晚年因病戒酒，此诗作于晚年，所以说刚刚停下酒杯。

浊酒：用糯米等酿成的酒，较为浑浊，此处泛指酒。

送别

　　悠悠离别意，殷殷话别情。人生羁旅，交通不畅，令古人分外重视别离。依依不舍、悲愁伤感的送别诗固然感人至深，但李白的《赠汪伦》却是洒脱真率，亲切自然，用夸张和衬托的手法，生动形象地表达了友人汪伦对自己真挚深厚的友情。

　　《送元二使安西》以柳喻"留"，以酒饯别，营造了深情款款的惜别氛围，具有极强的艺术感染力。《黄鹤楼送孟浩然之广陵》则表现了一种充满诗意的离别，诗人用绚烂的阳春三月之景，将放舟长江的宽阔画面、目送孤帆远影的细节，极为传神地表现出来。

　　高适的《别董大》更是全然不写千丝万缕的离愁别绪，而是满怀激情地鼓励友人踏上征途，迎接未来。真诚情谊和坚定信念，为送别诗增添了壮美之色。

赠汪伦

唐 李白

李白乘舟将欲行,
忽闻岸上踏歌声。
桃花潭水深千尺,
不及汪伦送我情。

李白我上了船正要动身启程,
忽然听到岸上传来阵阵歌声。
脚下桃花潭水就算深达千尺,
也比不上汪伦对我一腔真情。

汪伦：李白的朋友。
欲：将要,正要。
行：出发,启程。
踏歌：行吟,边走边吟唱。
桃花潭：长江支流的一段,在今安徽省泾县。
深千尺：千尺是虚指数量词,形容桃花潭水深不可测。
不及：不如,比不上。

黄鹤楼送孟浩然之广陵

唐　李白

原诗

故人西辞黄鹤楼，
烟花三月下扬州。
孤帆远影碧空尽，
唯见长江天际流。

译文

我的老友向西辞行挥别了黄鹤楼，
在花开如烟的三月顺水去到扬州。
孤独的帆影渐行渐远在碧空消逝，
只见浩浩荡荡的长江朝天际奔流。

注释

黄鹤楼：在今湖北省武汉市。传说有古人登仙，在此乘黄鹤而去，故名黄鹤楼。
孟浩然：唐朝著名诗人，李白的朋友。
之：去，到。
广陵：指今江苏省扬州市。因战国时期楚怀王在这里建造了广陵城，故为扬州古名。
故人：老朋友，指孟浩然。
西辞：向西辞别。
烟花：形容花开得繁茂，远看像绚丽的烟雾，也可泛指绮丽的春景。

三月：指农历三月。
下：顺流而下，向长江下游漂流。
碧空尽：消失在碧蓝天空的尽头。
唯见：只看见。
天际流：流向天边。

别董大

唐 高适

千里黄云白日曛，
北风吹雁雪纷纷。
莫愁前路无知己，
天下谁人不识君。

落日黯淡染黄千里层层浓云，
北风吹送南飞雁阵大雪纷纷。
不要担心前方路上没有知己，
天下没有人会不愿意结交您。

董大：名字未详，高适友人。
黄云：黄色的云气。
白日：太阳。
曛：昏暗。
纷纷：形容多。
知己：知心朋友，彼此了解、赏识的人。
谁人：疑问代词，哪个人。"天下谁人不识君"是反问句，意思是天下没有哪个人不认识您。高适用反问句鼓励董大：您已经颇具名声，天下的人都已经认识或愿意认识您。
识：认识，赏识。
君：对人的尊称，相当于"您"。

送元二使安西

唐 王维

渭城朝雨浥轻尘，
客舍青青柳色新。
劝君更尽一杯酒，
西出阳关无故人。

渭城清晨的小雨润湿路面浮尘，
旅舍周边的柳叶绿得多么清新。
真诚劝说朋友，再干一杯美酒，
向西出了阳关，再难遇到故人。

元二：王维的朋友，姓元，排行第二，名字不详。
使：出使，接受使命被派遣。
安西：指安西都护府，是唐朝在西域设立的军政管辖机构，在今新疆维吾尔自治区。
渭城：指秦朝咸阳古城，汉朝改名渭城，在今陕西省咸阳东北二十里。
朝雨：早晨的雨。
浥：动词，润湿，使湿润。
客舍：旅舍，旅馆。

柳：古人折柳送别，柳树在古诗中象征离愁别绪。
柳色新：形容柳树的颜色被早晨的雨洗刷一新，愈发提示离别、引起离愁。
尽：完。
西：向西。
阳关：关隘名，在今甘肃省敦煌市，是古代通往西域的重要枢纽。
故人：老朋友。

行旅

　　流放途中获赦的李白以彩云缭绕的白帝城、浩荡湍急的长江水、迅疾倏忽的轻舟行、萦绕两岸的猿啼声，抒发自己艰难岁月之中不期而至的轻松欢快。

　　心绪不佳的李商隐黄昏时分来到乐游原，见"夕阳无限好，只是近黄昏"，将时代没落之感、家国沉沦之痛、身世迟暮之悲，熔铸于充满永恒意义的黄昏夕照里。

　　停舟北固山下的王湾见青山绿水，潮平岸阔，风正帆悬，残夜归雁，顿生客路思乡之情。"海日生残夜，江春入旧年"更是富有自然理趣，成为传唱千古的名句。

　　"人生如逆旅，我亦是行人。"现代社会的快节奏生活令人们行色匆匆，身心疲惫，于奔忙中不断回望心灵的休憩之地。古人也曾奔波于路途，驻足于风景，用诗歌抒写着客居异乡的艰难、漂泊无定的辛苦、人生如寄的感慨，抒写着许许多多人类共通的情感与命运。

早发白帝城

唐 李白

原诗

朝辞白帝彩云间，
千里江陵一日还。
两岸猿声啼不住，
轻舟已过万重山。

译文

清早彩云缭绕时从白帝城出发，
千里之外的江陵一天就已到达。
两岸猿声还在耳边不住地回荡，
轻快的小船早已驶过万重山崖。

注释

白帝城：在今重庆市奉节县白帝山。早发白帝城，早晨从白帝城出发。
朝辞：早晨告别。
彩云间：形容白帝城地势高耸入云，也可指彩色的朝霞。
江陵：今湖北省荆州市，春秋战国时期是楚国都城，名为江陵城。
还：归来，返回。此处引申为到达。李白写这首诗前，正在被流放贬谪的途中，行至白帝城时忽然收到被赦免的消息，如释重负。虽然江陵并非李白的故乡，他却由于惊喜激动而倍感亲切，用还乡的"还"字表示到达江陵。
啼不住：不停地鸣叫。
万重山：万重是虚指数量词，形容有许多重叠的山。

乐游原

唐　李商隐

向晚意不适，
驱车登古原。
夕阳无限好，
只是近黄昏。

傍晚时分，心情黯然，
驾着马车，去乐游原。
夕阳绚烂，无限美好，
怎奈黄昏，已在眼前。

乐游原：地名，在今陕西省西安市。地势高平开阔，是登高游览的胜地。
向晚：傍晚，天色将晚时。
意：内心，心情。
不适：不愉快，不舒畅。
驱车：驾着马车。
古原：指乐游原。
无限：没有极限，形容程度很深、范围很广。"无限好"相当于"美不胜收"。
近：将近，快要。

次北固山下

唐　王湾

客路青山外,
行舟绿水前。
潮平两岸阔,
风正一帆悬。
海日生残夜,
江春入旧年。
乡书何处达?
归雁洛阳边。

原诗

旅途在青山之外绵延,
小船游走在绿水波前。
潮水涨满时江面宽阔,
顺风行驶把船帆高悬。
海上日出送走了黑夜,
江南残冬迎来了春天。
我的家信要送往何处?
愿归雁捎到洛阳那边。

译文

次：停泊,旅途中暂时停留。

注释

北固山：在今江苏省镇江市，三面临江。

客路：旅途。

潮平：潮水涨到最高水位。

两岸阔：两岸之间的江面宽阔。

风正：顺风。

悬：挂。

海日：海上的太阳。

残夜：夜将尽的时候，接近黎明时分。残，残余的。

江春：江南的春天。

旧年：去年，新年的上一年。江春入旧年，指农历新年还未到，江南已有了春天的气息。

乡书：寄往家里的信。

达：到达，送达。

归雁：北归的大雁。此处王湾化用了"雁足传书"的典故，期待大雁帮忙传递家书，可见思乡情切。

怀人

　　心心相印便是"想",思念怀人之情使古人下笔时低回缠绵、婉曲动人,无尽的思念在目之所及、心之所念中处处流露。每当念起这些诗句,就会想起心中最为牵挂惦念的那个人。

　　王维《红豆》借咏物以寄相思,委婉含蓄,语浅情深,"愿君多采撷"一句,谆嘱友人而深情自显。以采撷红豆来寄托怀思,不说相思之深、离别之苦,只说"此物最相思",将深厚的情谊用鲜红晶莹的红豆来表达,令人动容。

　　孟郊《游子吟》以临行前母亲为游子缝衣的场景,表达了对母亲深深的爱与赞颂。慈母的一片纯然深笃之情正是通过日常生活中的缝衣细节来凸显,真挚自然,亲切感人。

　　李商隐在巴山听夜雨淅沥,见水涨秋池,遥有所思,设想来日窗下剪烛的喜悦温馨,反衬今日羁旅的孤寂落寞。眼前之景引出想象中的来日欢聚,虚实相生,情景交融,从而取得了感人至深的艺术效果。

相思

唐　王维

● 原诗

红豆生南国，
春来发几枝。
愿君多采撷，
此物最相思。

● 译文

红豆生长在南方的土地，
春日里又长出多少新枝。
请你一定要多多来采集，
小小红豆寄托心中相思。

● 注释

相思：彼此想念。
红豆：一种植物，又名相思子，生长在江南地区，结籽如豆，鲜红色。和现在所指的谷类食品红豆不同。
南国：指江南。
发：长出，绽放。
愿：希望。表祈使语气，希望发生某种情况。
君：对人的尊称。此处不确指哪个人，而是诗人表达一种广泛的愿望，希望所有互相想念的人都来采摘红豆寄托思念。
采撷：采摘。
最相思：最能寄托相思之情。

游子吟

唐　孟郊

慈母手中线，
游子身上衣。
临行密密缝，
意恐迟迟归。
谁言寸草心，
报得三春晖。

老母亲的双手飞针走线，
赶制出远行游子的衣衫。
密密地缝了一层又一层，
她是害怕孩子归来得晚。
孩子的心啊如同区区小草，
怎能将太阳般的母爱报偿？

游子：背井离乡、远行旅居的人。
吟：古诗的一种体裁。
慈母：慈祥的母亲。
临行：将要远行的时候。
意恐：担心。

归：回家。
谁言：有谁能说。
寸草：小草，比喻子女。
心：心意。
报得：报答，报偿。
三春晖：整个春天的阳光。三春，指农历正月（孟春）、二月（仲春）、三月（季春），合称三春。此处比喻母爱，像把三春的阳光汇聚起来，温暖而深沉地呵护着子女。

夜雨寄北

唐　李商隐

原诗

君问归期未有期，
巴山夜雨涨秋池。
何当共剪西窗烛，
却话巴山夜雨时。

译文

你问我何时归来，而我难以回答你，
今晚我独自面对这凄凉的巴山夜雨。
何时你我才能坐在西窗下共剪烛花，
再把今日巴山夜雨的寂寞时光回忆。

注释

寄北：寄给北方的亲友。李商隐当时在巴蜀（今四川省），他的亲友在长安，位于他的北方。
归期：回家的日期。
巴山：泛指巴蜀一带。
秋池：秋天的池塘。
何当：什么时候。
共：一起。
剪烛：剪掉蜡烛烧焦的芯，使烛光明亮，此处形容亲友点着蜡烛在夜里长谈。

却话：回头说，追述。诗人想象将来与亲友团聚后，追忆此刻他在巴山夜雨中的思亲之情。

思乡

　　每个人都有自己的故乡，故乡的山川草木、风土人情和血浓于水的亲情，都是我们成长中最不可或缺的精神滋养，都是我们远行时最值得怀念的温情慰藉。但引起亲切怀想的，有时往往是一些看来很平常、很细小的事物，就像王维询问绮窗前的寒梅是否著花（《杂诗》），念及兄弟们重阳登高时"遍插茱萸少一人"（《九月九日忆山东兄弟》），这里的寒梅、茱萸是故乡和亲人的象征；也像岑参"马上相逢无纸笔，凭君传语报平安"（《逢入京使》）的殷殷嘱咐，贺知章"儿童相见不相识，笑问客从何处来"（《回乡偶书》）的悲欣交织，诗人将最深情的思念用最常见的场景来表现，以小见大，透露出无限情味，引出无尽遐想。旅途的颠沛流离，思乡的肝肠寸断，关切万分而不知从何问起的踟蹰与复杂的心情，都在诗中得到了深刻的体现。

杂诗

唐　王维

君自故乡来，
应知故乡事。
来日绮窗前，
寒梅著花未？

您来自我阔别多年的故乡，
一定熟知故乡的种种情状。
想问您来时我家雕花的窗前，
那一株寒梅是否已悄然绽放？

杂诗：指不拘主题的诗，通常表达随时的心情和随处的景物。所以用杂诗统称，不特意命题。
自：从。
来日：来的时候。
绮窗：雕有花纹的窗户。
著花：开花。
未：句末语气词，相当于"否"，表疑问。

逢入京使

唐 岑参

故园东望路漫漫,
双袖龙钟泪不干。
马上相逢无纸笔,
凭君传语报平安。

向东眺望家乡只见长路漫漫,
热泪沾湿双手衣袖淋漓难干。
策马行路骤然相遇哪来纸笔,
拜托您传话给亲人报个平安。

逢：遇到，碰见。
入京使：进京城的使者。
故园：故乡，指长安和岑参在长安的家。
东望：向东看。
漫漫：广远无际的样子，形容距离故乡的路程非常遥远。
龙钟：沾湿了的样子。
马上：在马背上。
凭：拜托，烦请。
传语：传话，带口信。

回乡偶书

唐　贺知章

少小离家老大回，
乡音无改鬓毛衰。
儿童相见不相识，
笑问客从何处来。

年少时就离开家乡，年老之后方才重回，
家乡口音没有变化，头发却已零落花白。
孩子们看见我，却没有人知道我是谁，
于是笑着询问：您这位客人从哪里来？

偶书：指偶然产生感悟写下的诗。
少小：年少时。贺知章三十七岁中进士，此前已离开家乡。
老大：年老后。贺知章回乡后已年过八十。
乡音：家乡的口音。
无改：没有变化。
鬓毛：额角边靠近耳朵的头发。
衰：减少。

九月九日忆山东兄弟

唐　王维

独在异乡为异客，
每逢佳节倍思亲。
遥知兄弟登高处，
遍插茱萸少一人。

独自漂泊异乡本是作客之身，
每到佳节思念兄弟更加伤神。
遥想手足兄弟今日望远登高，
头上插满茱萸唯独少我一人。

九月九日：指农历九月初九，即重阳节。古代以九为阳数，故称九月初九为重阳节，有登高赏秋景的习俗。
忆：想念。
山东：王维的故乡是蒲州（今山西省永济市），在华山以东，所以他称故乡的兄弟为山东兄弟。写这首诗时，王维独自漂泊在洛阳与长安之间。
异乡：他乡，外地，故乡以外的地方。
为：做。
异客：客居他乡的人。
每逢：每到。

佳节：美好的节日。

倍：加倍，更加。

思亲：思念亲人。

遥知：远远地想，在远处知晓另一处的情况。此处是王维推测山东兄弟重阳节登高的情况。

遍：到处，漫山遍野。

插：插戴，插在头上。

茱萸：一种香草，可入药。佩戴茱萸是重阳节的习俗，古代人们认为插戴茱萸可以辟邪消灾。

民生

　　《悯农》选取夏日正午农民在田间劳作、汗水滴落到禾苗下的土里这一极具代表性的生活场景，用最浅显易懂、朴实无华的语言揭示"谁知盘中餐，粒粒皆辛苦"这个最重要的生活道理。

　　《过故人庄》是唐代田园诗的代表之作，孟浩然诗中的农家生活安乐闲适，田园风光清新自然，应邀而至的诗人和友人共赏美景，闲话家常，情谊绵长。

　　天真的童心和烂漫的童趣在《小儿垂钓》中得到了极其传神的展现，诗中动作、神态等典型的细节描写将小儿初学钓鱼、聚精会神之状刻画得栩栩如生，童趣盎然。

　　诗僧贾岛的《寻隐者不遇》采用寓问于答的手法，首句是诗人问童子，后三句都是童子所答，寻而不遇，并无怅然若失，反而愈加倾慕隐者，就如诗中的白云苍松，风骨愈显。

　　唐诗以其对生活的细致观察和深刻感悟，千百年来感动着一代又一代的中国人。诗人们在向往面朝大海、春暖花开的时候，还会关心粮食和蔬菜，寻访隐者，共聚田家，问路孩童，把静好岁月和鲜活人生永存于诗。

悯农

唐 李绅

锄禾日当午,
汗滴禾下土。
谁知盘中餐,
粒粒皆辛苦。

给禾苗松土时正值烈日当空的中午,
农民挥汗如雨滴进了禾苗下的泥土。
谁知我们每天习以为常的盘中米饭,
颗颗都饱含着农民伯伯无尽的辛苦。

悯:怜悯,同情。
锄:用锄头松土。
日当午:烈日当空的中午。
餐:餐食,指农民耕种的粮食。

小儿垂钓

唐 胡令能

蓬头稚子学垂纶，
侧坐莓苔草映身。
路人借问遥招手，
怕得鱼惊不应人。

头发乱蓬蓬的小娃娃在学钓鱼，
侧身而坐野草青苔遮掩着身躯。
过路人问他话，站在远处招手，
可他并不回应，生怕吓跑了鱼。

垂钓、垂纶：钓鱼。
蓬头：头发凌乱。
稚子：小孩子。
莓：一种野草。
苔：青苔。
路人：过路的人。
借问：询问。
遥：远远地，在远处。
鱼惊：鱼受到惊吓。
应：回应，理睬。

寻隐者不遇

唐　贾岛

松下问童子，
言师采药去。
只在此山中，
云深不知处。

原诗

松树下我问隐者的弟子，师傅何在？
弟子说，师傅采药去了，还没回来，
他指着大山说，师傅就在这座山中，
但云雾深深，不知他老人家的行踪。

译文

寻：寻找，寻访。
隐者：隐居的人。
不遇：没见到。
童子：小孩子，未成年的人，此处指隐者的弟子。
言：说，回答。
云深：指山上云雾缭绕，深不见人。
处：行踪，所在的地方。

注释

过故人庄

唐　孟浩然

故人具鸡黍，
邀我至田家。
绿树村边合，
青山郭外斜。
开轩面场圃，
把酒话桑麻。
待到重阳日，
还来就菊花。

老友准备了丰盛的饭菜，
请我去往他的田庄之家。
绿树林在村边排排环绕，
青山坡在村庄墙外横斜。
开窗面对打谷场和菜园，
端起酒杯我们闲谈庄稼。
等到九月初九重阳那日，
定会回来观赏田间菊花。

过：拜访。

故人庄：老朋友的田庄。

具：准备。

鸡黍：鸡和黄米饭，泛指丰盛的农家饭菜。

邀：邀请。

至：到。

合：开合，指绿树环绕村庄。

郭：外城墙，指村庄的外墙。

轩：窗户。

面：面对，面朝。

场：打谷场。

圃：菜园。

还：回来。

就菊花：看菊花。就，靠近。

边塞

  王之涣的《凉州词》于壮观中寓含苍凉，是盛唐之音的典型代表。广漠壮阔的边地风光像一幅画卷大气展开，羌笛所奏《折杨柳》勾起征夫的离愁，而"何须怨"则以宽慰之语委婉含情，无限乡思离情尽在其中。

  王翰的《凉州词》以坦荡的心胸和挥洒的豪情，将沙场征战之境以豪饮旷达之情写出，俊爽壮美之中蕴含着清刚顿挫之气，具有浓郁的边地色彩和军旅风貌。

  卢纶《塞下曲》描写了将军雪夜率兵追敌的壮举，将雄浑肃穆的边塞景象和充满必胜信念的战斗场景渲染得淋漓尽致，不直接描写激烈的战争场面，却给人留下广阔的想象空间。

  盛唐的边塞诗意境雄浑高远，格调慷慨奇伟，体现了开放、自信的盛唐精神，是时代的最强音。诗人们以恢宏的胸襟气度，昂扬的精神风貌，进取的济世豪情，写就盛世华章，充满了磅礴大气的浪漫气质和一往无前的英雄气概。

凉州词

唐 王之涣

原诗

黄河远上白云间,
一片孤城万仞山。
羌笛何须怨杨柳,
春风不度玉门关。

译文

远远眺望黄河向上延伸入白云间,
边城独自屹立四面还有万仞高山。
羌笛何须吹奏哀怨缠绵的杨柳曲,
春风也无法度过那险要的玉门关。

注释

凉州词:《凉州》为唐朝流行的曲目,此诗为配曲的唱词。
远上:远远地向上望去。
一片:一座。
孤城:孤零零的城市。
仞:古代长度单位,一仞相当于七尺或八尺(约等于2.3米到2.6米)。万仞,虚指数量词,形容山非常高。
羌笛:一种横笛,古代羌族(分布在甘肃、青海等边境)的吹奏乐器。
杨柳:指《折杨柳》,古曲名,有伤春怨别的情感。古人折柳送别,柳树在古诗中象征离愁别绪。
不度：无法度过。
玉门关：汉武帝设立的关隘，是西域交通要道，西域的玉石经过此地输入，故名玉门关。

凉州词

唐 王翰

原诗

葡萄美酒夜光杯,
欲饮琵琶马上催。
醉卧沙场君莫笑,
古来征战几人回?

译文

新酿葡萄美酒,斟满夜光杯,
骑手开怀畅饮,琵琶声声催。
若我醉倒沙场,请君莫见笑,
自古男儿征战,能有几人回?

注释

夜光杯:玉做的酒杯,杯壁晶莹剔透,夜晚会发光,此处泛指精美的酒杯。
欲:将要,正要。
琵琶:指用琵琶弹奏的军乐。
马上:在马背上。
催:催人出征。
沙场:战场。
莫:不要。
征战:参与战争,打仗。

塞下曲

唐　卢纶

月黑雁飞高，
单于夜遁逃。
欲将轻骑逐，
大雪满弓刀。

没有月亮的夜晚大雁惊起飞高，
匈奴单于的军队趁着夜色潜逃。
正要带领轻骑兵一路将敌追击，
大雪纷纷扬扬落满了弓箭佩刀。

塞下曲：古代边塞的军歌。
月黑：没有月亮的漆黑夜晚。
单于：匈奴君主的称号，此处泛指入侵者的首领。
遁：逃跑，逃走。
欲：将要，正要。
轻骑：轻装快行的骑兵。
逐：追赶。
满：沾满，落满。

家国

诗圣杜甫的一生自"我"书写时代,以诗歌关怀家国,其诗作素有"诗史"之称。《春望》作于安史之乱中,春日长安因战火山河破碎,诗人见花开而潸然落泪,闻鸟鸣而胆战心惊。烽火之中家信难至,故倍感珍贵,国破家亡、战乱分离之境令人痛苦愁怨,凄惨衰老。

《闻官军收河南河北》写于安史之乱结束后,处处洋溢着欣喜若狂之感,被称为"生平第一快诗"。苦于战乱不休、饱经沧桑离乱的诗人忽闻叛乱已平的捷报,心中骤然激荡起难以平静的波澜,"涕泪满衣裳"形象地表现了这种悲喜交加、喜不自胜的心情。

忧国忧民、感时伤怀的高尚情怀和心系家国、期待和平的美好愿望,在王昌龄的《出塞》中同样得以体现。秦汉时的明月照着边关,至今战事未歇,征人未还。诗人希望有才能的将领得以任用,能让边境和平,人民安定。

家国情怀以正心诚意、修身齐家为基础,以治国平天下为旨归,把远大理想与个人抱负、家国情怀与人生追求融合为一,是一种以天下为己任的使命感和与国家民族休戚与共的壮志豪情,也是每个中国人心目中最恒久的精神归属。

春望

唐 杜甫

原诗

国破山河在，
城春草木深。
感时花溅泪，
恨别鸟惊心。
烽火连三月，
家书抵万金。
白头搔更短，
浑欲不胜簪。

译文

国都沦陷破碎，山河入眼伤情，
长安人迹罕至，唯有草木深深。
感伤时局不利，独对春花洒泪，
无奈离愁别恨，鸟鸣声声惊心。
边防烽烟四起，战事连绵不断，
家信欲求难得，一封可值万金。
国难徒增愁绪，满头白发苍苍，
白发一抓便落，简直无法插簪。

注释

春望：春天远望。

国：国都，指唐朝都城长安，在今陕西省西安市。

破：沦陷，指安史之乱叛军攻陷长安。

感时：为国家时局不利而感伤。

溅泪：流泪，眼泪飞洒。

恨别：怅恨离别。恨，遗憾，惆怅。

惊心：内心感到惊惧。

烽火：古代边防报警的烟火，此处指安史之乱的战火。

连：连续，持续。

三月：虚指数量词，字面意思是三个月，形容战争持续时间很长。

家书：家人的书信。

抵：值，相当。

万金：虚指数量词，形容家人的书信在战争期间难以相通，珍贵稀少。

搔：抓，挠。

短：少。

浑：简直。

欲：将要。

不胜：承受不了。

簪：簪子，一种束头发的针形饰品，古代男子留长发、插簪子。不胜簪，指头发稀疏得无法插簪。

闻官军收河南河北

唐　杜甫

剑外忽传收蓟北，
初闻涕泪满衣裳。
却看妻子愁何在，
漫卷诗书喜欲狂。
白日放歌须纵酒，
青春作伴好还乡。
即从巴峡穿巫峡，
便下襄阳向洛阳。

剑门关外忽传捷报，官军收复河北，一听之下情难自禁，热泪沾满衣裳。回头看看妻子儿女，愁容荡然无存，胡乱卷起手中书本，全家欣喜若狂。朗朗白日大好光阴，定要高歌畅饮，明媚春光与我做伴，一路返回故乡。早已归心似箭，快快穿过巴峡巫峡，一路跋山涉水，到了襄阳直奔洛阳。

闻： 听说。

官军：唐朝朝廷的军队。

收：收复，夺回。

河南河北：黄河以南、黄河以北的地区，指中原的大部分领土。

剑外：剑门关外，指杜甫写这首诗时所在的剑门关以南。剑门关，重要军事关隘，在今四川省剑阁县。

蓟北：指唐朝蓟州一带，今河北北部地区，是安史之乱叛军的根据地。

涕：眼泪。

却看：回头看。

妻子：妻子和儿女。

愁何在：哪有忧愁。

漫卷：随意卷起，形容兴奋地收拾行装准备回家乡。

喜欲狂：高兴得将要发狂。

放歌：放声歌唱。

须：应该，应当。

纵酒：纵情饮酒。

青春：指春天。春天草木青绿。

即、便：就。

巴峡、巫峡：长江的两个峡口。

襄阳：今属湖北省。

洛阳：今属河南省。

出 塞

唐　王昌龄

秦时明月汉时关，
万里长征人未还。
但使龙城飞将在，
不教胡马度阴山。

冷月照耀边关一如当年秦汉，
戍边将士远征沙场还没回返。
倘若那飞将军李广如今还在，
匈奴铁骑怎敢南下越过阴山！

出塞：出往边塞。
秦时明月汉时关：秦朝和汉朝的明月和关塞，象征战事从古老的秦朝、汉朝开始就从未停歇。
长征：长途征战。
还：归来，返回。
但使：只要。
龙城：泛指边塞城池。
飞将：指李广，别号飞将军。
不教：不叫，不让。

胡马：指胡人侵略者的军队。
度：越过。
阴山：指阴山山脉，在今内蒙古自治区中部。

后记

也许前世我不是一只黄莺
所以此刻不能纵情歌唱
但我一定曾是一只蝴蝶
所以今生注定要尽情飞舞

星辰大海，征途可期

在《中华手语大系》（视听版）这套书付梓之际，我想讲一个故事。

有一个小女孩，在两岁的时候就失去了听力，即使戴上最大功率的助听器，也只能听到微弱的声音。在寂静的世界里，她时刻怀着诚惶诚恐的心态警惕地用眼睛观察外界。生活中，大家都觉得她过于沉默，也很少有孩子愿意同她做朋友。

值得庆幸的是，听和说的言语链的断裂，并不能阻止她去寻找其他出口。写作和舞蹈为她插上了放飞自我的两翼，她不再沉寂，她小小的情怀在另一个世界里喷薄而出。六岁时，她连蒙带猜读完了《西游记》；七岁时，她公开发表第一篇作文；九岁时，她模仿唐诗三百首写下"转瞬不知何处去，星河深处觅踪影"的咏萤诗句；十二岁时，她已经屡获各种作文比赛、语文知识竞赛的奖项；十五岁时，她把心里话写成长长的日记，每周交给最信赖的班主任老师；十八岁时，她考入武汉大学中文系，个人随笔集被"榕树下"网站在首页推介。同时，她还着了魔似的喜欢舞蹈。年幼时，她趴在少年宫的窗口，看粉色纱裙白色舞鞋的小伙伴们翩翩起舞，但严格的家教却让她始终没有加入她们的机会，第一次走入舞蹈教室已是考上大学之后。数年苦练，她先后加入湖北残疾人艺术团、上海残疾人艺术团，在舞台上跳《千手观音》，跳《踏歌》，跳《孔雀飞来》。到复旦大学读博之后，她以一己之力创立了研究生舞蹈队。工作之后，不论到哪里，她都是所在单位舞蹈队的中坚力量。

没错，这个故事的主人公就是我自己。从两岁时算起，迄今我已在无声世界里度过了三十八个年头。从前头的这个成长故事中，可以抓取出"阅读""写作""舞蹈""表达"等诸多关键词。而如今，我又有了新的关键词，那就是"手语"和"教育"。

小时候，我和千千万万个普校随班就读的听障孩子一样，因交流不

便而忍受孤独，被边缘化，甚至遭受歧视，所以我一度排斥自己的聋人身份；而现在，我早已学会悦纳自我，凭借良好的手、口双语能力在有声和无声两个世界里穿行自如，并最终成为一名特殊教育专业教师，去影响和带动更多的听障孩子及其家人。我的成长受益于教育，而如今又投身教育。沟通于我，曾经是魔咒，而当我终于冲破魔咒、走向语言的光明自由之境时，我期待：人们可以经由我做出的成绩，看到听障群体巨大的潜力；人们可以通过我发出的呼吁，了解到听障群体真实的诉求。我也相信，不仅我能做到，更多的听障孩子通过接受良好的教育其实同样能做到。他们所需要的或许只是一个机会、一方平台、一点支持。而我，愿意用我的行动去帮助他们达成自己的梦想。

近年来，现代科技飞速发展、造福特殊群体，越来越多的听障孩子戴上了助听器，植入了人工耳蜗，进入普通学校学习。从表面上看，手语的使用者少了，手语似乎走向"濒危"了。但只有从沟通障碍中走出来的人，才能深深地体会到，视觉语言才是听障者最易于习得、最适合习得、最有感情的沟通方式。国外有一位听障长者曾说："手语是上帝赋予聋人的最高贵的礼物。"这是何等尊贵的礼赞！一位朋友还告诉我曾从英文文献中读到这样的诗句："如果你砍断了我的双手，我就用双臂打手语；如果你砍断了我的双臂，我就用双肩打手语。"这又是何等地震撼！我想，口语和手语，并非你死我活、非此即彼的关系，即使对于能听会说的听障者，甚至听力健全人士而言，多学一门视觉语言，也并非坏处，相反会极大地便利其沟通、拓展其表达，打开一扇通向新世界的大门。

手语是否能表达任何抽象概念？这个有意思的话题正巧也是我当年的博士论文题目。从语言学的视角审视，我们认为，手语有着人类自然语言所具有的全部潜力。但一门语言的成长，离不开环境和文化的滋养。手语必须拥抱主流文化、必须走向千家万户，方能消弭"小众语言"和"弱势语言"的刻板印象，方能规避在医学主义残障观的冲击下逐渐走向濒危的风险。《中华手语大系》（视听版）的诞生，正是基于这份珍视手语、倡导手语的初心，我们的团队也深怀让手语走入普通大众、和主流文化相结合的宏大愿景。用手语解说汉字、翻译《论语》、

诵读唐诗，让手语映射中华传统文化之美，就是我们所做出的第一个尝试。

回到我前面所说的那几个关键词上。作为曾经的舞者的我，深知手语的美，唯有最专业的听障艺术家才能演绎得淋漓尽致。非常荣幸，我邀请到了中国残疾人艺术团团长邰丽华女士和我一起主编本书，她和艺术团的演员们在镜头前的魅力使我一次又一次回想起那个魂牵梦萦的舞台。深深感谢南京市聋人学校为本书提供技术和人员方面的支持，并将本书的成果和特殊教育一线教学紧密结合起来。同样感谢为本书的面世与推广付出贡献的所有团队成员、聋人朋友和专家顾问。我是一个鲜少开口向人求助的人，但在本书的编撰过程中，有无数的人主动为我提供了各种各样的帮助，这份感激无以言表，唯有深埋于心。此外，我还要感谢本书的编辑、复旦大学出版社的张雪莉老师，她同样钟情于传统文化，有着深厚的古文献和戏曲造诣，我们的合作是多年之后一场偶遇结下的缘分。

多年前，我曾经在随笔中写下这样的句子："也许前世我不是一只黄莺所以此刻不能纵情歌唱，但我一定曾是一只蝴蝶所以今生注定要尽情飞舞。"感谢命运，让我得以获得了语言表达的自由，尝到了新生的喜悦。我想，今后，我将继续在有声和无声世界之间"飞舞"，做语言的纽带，做文化的桥梁。

走过人生四十载，经由本书出版的契机，发现我的几个"关键词"竟然在这里找到了最好的结合点。回望身后，若干条道路从时光的迷雾中绵延而至，在我所站立的当下汇聚，而又坚定而从容地奔向远方。面前的路倏然变得宽阔！

一个全新的、属于中国的时代，已经徐徐拉开帷幕。

而我们壮美如星辰大海的新手语征程，也将启航。

郑璇

二〇二一年九月于北京师范大学

图书在版编目(CIP)数据

手语诵唐诗/郑璇，邸丽华主编. —上海：复旦大学出版社，2022.1(2022.2 重印)
(中华手语大系：视听版. 第一辑；3)
ISBN 978-7-309-15919-6

Ⅰ.①手… Ⅱ.①郑… Ⅲ.①手势语-中国 Ⅳ.①H126.3

中国版本图书馆 CIP 数据核字(2021)第 185709 号

手语诵唐诗
郑　璇　邸丽华　主编
责任编辑/张雪莉

复旦大学出版社有限公司出版发行
上海市国权路 579 号　邮编：200433
网址：fupnet@fudanpress.com　http://www.fudanpress.com
门市零售：86-21-65102580　　团体订购：86-21-65104505
出版部电话：86-21-65642845
上海盛通时代印刷有限公司

开本 787×960　1/16　印张 27.25　字数 405 千
2022 年 2 月第 1 版第 2 次印刷

ISBN 978-7-309-15919-6/H·3128
定价：98.00 元

如有印装质量问题，请向复旦大学出版社有限公司出版部调换。
版权所有　　侵权必究